당신이
서 있는 그곳이

바로
당신이다

당신이 서 있는 그곳이 바로 당신이다

초판인쇄 · 2021년 11월 26일
초판발행 · 2021년 12월 3일

지은이 | 靑竹 진원권(성환)
펴낸이 | 서영애
펴낸곳 | 대양미디어

04559 서울시 중구 퇴계로45길 22-6(일호빌딩) 602호
전화 | (02)2276-0078
팩스 | (02)2267-7888

ISBN 979-11-6072-076-1 03810
값 15,000원

당신이 서 있는 그곳이

대한민국 교육의 현실과 미래를 말하다

바로 당신이다

青竹 진원권(성환) 지음

대양미디어

책을 출간하면서

본서는 부분적인 제목은 명시하지 않았다. 본인 나름대로 최선을 다하였으므로 읽는 분들에게 많은 도움이 되었으면 하는 바람이다. 본인의 조상님들은 4촌이 땅 사면 축하해주는 마음으로 사셨기 때문에 조상 대대로 성인병 없고 서로 화목하게 살려고 노력하고 있다.

나무에 올라가는 사람 발뒤꿈치 받쳐주는 마음으로 사시는 조상님들이셨고 후손들도 그 모습 본받아 살려고 노력한다.

이 나라는 교육제도가 잘못되어 올바른 인재교육 부재로 국가의 동량을 육성하지 못한다. 예를 들면 고려 시대에도 가문만 따지고 파당 지었고, 조선 시대 임진왜란 7년 전쟁 기간에도 조정의 대신들은 국가가 누란의 위기에 빠져 있는데도 결집하지 못하고 단결하지 못하고 뜻을 한곳에 모으지 못하고 당파싸움만 일삼았고 아무 죄도 없는 이순신 장군을 감옥에 보내는 큰 잘못을 저질렀다.

본인의 17대 선대 할아버지 故 송계공 진무성 장군도 임진 왜란 때 이순신 장군을 도와 많은 전공을 세우셨고 임진왜란 이 끝난 후 73세에 세상을 떠나셨는데 선조 임금께서 호조판 서 교지를 내리셨고, 전남 고흥군 두원면 신송리에 사당과 동 상을 세웠고, 조정에서 임금님이 하사한 전답이 있고 해마다 전라남도 유림과 여양진씨 대종회에서 시제를 모시고 있고 묘 역은 1981년 전라남도 지방문화재 58호 기념물로 지정되어 있고 임진왜란 때 사용했던 검에는 별 7개가 새겨져 있어 7성 검이라고 하고 칼 손잡이는 없는데도 KBS 1TV TV 진품명품 시간에 감정을 의뢰한바 시가로 천만 원 정도 된다고 하나 어 찌 값으로 계산할 수 있겠는가? 후손들이 보존하는 것만으로 도 영광이다.

군산 출신 육사 20기 오영우 장군이 현역 육군 중장으로 유 성에 있는 교육 사령관 재직 때 그 당시 교육사령부 전투 발전 부장으로 재직한 육사 25기 진병국 장군이 있었고 오영우 사 령관과 진병국 장군 본인이 대전에서 함께 만찬하였고 그 후 오영우 사령관은 대장 진급하여 원주 1군사령관으로 재직했 고 현역 대장일 때 육군회관에서 여식 결혼식에도 본인이 직 접 참석하여 축하했고 진병국 장군은 전남 광주 61예비사단장으로 부임 때 연락이 와서 본인이 우천인데도 김포공항에서 비행기 타고 가서 사단장 취임 축하를 해주었다.

본인 종친 가운데 육사 25기 진병국 장군이 전남 광주 61사단장으로 취임했고 광주 전남 종친회에 전화하여 광주 금남로 진헌성 내과원장이 7층 자신의 건물에서 병원 운영하는데 故 진형하 변호사 장남이어서 진 원장께 전화하여 진병국 사단장과 종친회원들 식사 한번 하라고 했고 그 후 종친회장단과 함께 고흥군 두원면에 있는 17대 송계공 진무성 장군 묘역에 진병국 사단장이 기념 식수하고 묘역에 표지석을 세웠다.

고 송계공 진무성 장군은 임진왜란 당시에 화공책으로 왜선 280척을 불태웠다고 한다.(1598년 10월)

진병국 장군 광주 61사단장 취임식에 참석하여 3단 화환 설치하여 축하했다.

본서를 발간하는데 많은 도움을 준 대양미디어 서영애 대표께 진심으로 감사드린다.

2021년 10월
저자 진성환

차례

당신이 서 있는 그곳이 바로 당신이다

출생과 사회활동

본인은 1947년 2월 29일 전북 군산시 임피면 축산리 372
번지에서 태어났다.

부친이 독신이고 고모님만 두 분 계셨고 위로 누나 한 분 출
생한 후 두 번째로 본인이 태어났기 때문에 본인 첫돌 잔치에
는 찹쌀떡을 하여 마을 전체 가정에 떡을 나누어 주고 본인 집
마당에서 돼지를 잡아 마을 분들이 모여 첫돌 잔치를 성대하
게 하였다고 한다.

첫돌 잔치 후 조모님께서는 본인을 업고 마을에 다니시면
서 우리 장손자라고 자랑하고 다니셨다고 한다. 그 당시 본인
이 태어난 마을에는 고향 임피초등학교 교장이었던 송재규 교
장 선생님이 같은 마을에 거주하셨고, 송재규 교장 선생님은
본인 부친과 친목계원이었고, 교장 선생님 부인은 본인 모친

과 친목계원이었고, 교장 선생님 부친은 본인 조부님과 친구셨다.

마을 위아래에 130여 가구가 거주하였고, 그중 30여 가구가 본인 집 앞에 있는 우물을 먹고 거주하였고, 그 당시 점심 시간에는 조모님 친구분 8명 정도가 매일 본인 집에서 점심을 먹고 가셨다고 한다. 그 당시 장인철 씨가 본인 집에서 농사일을 도와줬다고 한다.

본인이 출생하여 초등학교 다닐 때는 아침마다 마을 분들이 본인 집에 쌀 바가지를 가지고 와서 양식을 갖다 먹고 살았다. 그 당시 본인이 목격한 바로는 겨울철에는 해가 짧으니 점심 때에는 아침밥 남은 것에 물을 부어 끓여 먹는 가정들이 있었고, 겨울의 가난한 집 점심은 고구마를 삶아서 가족 간 몇 개씩 나누어 먹는 집이 많았다.

저녁 시간에 마을에 나가보면 굴뚝에서 연기가 나지 않는 집은 양식이 없어서 저녁밥을 짓지 못하는 가정들이었다.

봄에 해쑥이 나오면 쑥을 채취해다가 밀가루 반죽을 하여 쑥버무리를 해 먹는 집들도 많았다.

1950년 6·25 한국전쟁 이후 모든 국민의 삶이 황폐하여 가난에 시달린 가정이 많았고 너무나 먹고 살기 어려운 가정은 자녀들을 친척 집에 보내어 일해주고 의식주 문제를 해결하도록 하던 시기였다.

본인의 증조부님께서는 마을에 양학당(養學堂)을 세워 지역 분들에게 한학(漢學)을 가르치셨고, 사랑채에 명당 묫자리를 잡아주는 지관(地官)에게 3년간 숙식을 제공하여 옥녀봉이라는 묫자리를 그 지관이 잡아줬고 증조부님을 그곳에 모셔서 자손이 번성했다고 한다.

본인 조부모님은 3형제 중 장남이었고 힘이 장사여서 돌 300근짜리도 짊어지고 다니셨다고 한다. 끼니마다 놋그릇에 밥 두 그릇과 국 두 그릇 드셨고, 겨울에는 개를 잡아서 보약해 드셨다고 한다. 조모님은 본인 2세 때 별세하였고 조부님은 본인 9세 때인 초등학교 3학년 때 별세하였다.

둘째 조부님 넷째아들 되는 당숙이 6·25 전 군산시 해망동 999번지에 설립한 청구목재주식회사 공장장을 지낸 故 진한길 당숙이고 그 당시 청구목재주식회사 사장은 故 고판남 씨이다.

故 고판남 씨가 사장이었고 故 진한길 당숙이 공장장 직책을 맡으면서 두 분이 청구목재주식회사를 동업하셨고 6·25 전 청구목재(주)는 임직원 1,000명이 넘는 그 당시 전라북도에서는 가장 규모가 큰 합판제조회사였고 군산시 경제를 이끌어간 기업이었다.

원목(原木) 아름드리나무를 외국에서 수입하여 합판 제조하여 수출하는 사업이었다. 고향 분들이 청구목재(주)에 많이 근무하였다.

셋째 조부님 장남인 故 진기동 당숙님은 충남 홍성군 광천읍에서 처음엔 철공소를 운영하여 돈을 벌어서 광천극장, 대원양조주식회사(쌀막걸리 제조회사), 연탄공장, 여름에는 아이스케이크 공장까지 운영하면서 충남 홍성군 경제를 이끌어가셨고 그 당시 본인이 어렸을 때 보면 본인 조부님 삼 형제분은 너무나 우애가 돈독한 분들이었다.

광천 셋째 조부님이 본인 고향 집에 오시면 본인 집에서 본인 조부님과 둘째 조부님과 삼 형제분이 한방에서 주무시고 식사하시곤 하였다. 존경스러운 분들이었다.

본인 옆집에는 6촌 형님께서 거주하셨고 6촌 형님께서는 복숭아, 포도, 자두 등의 과수원을 하셨다.

버크셔 순종 검은 돼지도 많이 사육하셨고 쌀겨가 모자라 그 당시 옥구군 지역 국회의원을 지낸 故 현곡 양일동 선생님께서 전라북도에 연결해주셔서 쌀겨를 도에서 배급받아 돼지 사육을 하셨다. 6촌 형님은 임피면장도 하셨다.

故 현곡 양일동 선생님은 본인 둘째 고모부 사촌 동생 되는 분이었고 그 당시 임피초등학교 교실 두 칸도 사비로 건축해

주었고 그 당시 옥구군 산하 각 면 단위 초등학교 교실을 많이 건축해 주었고 군산에서 3, 4, 5대와 서울 성동 갑구에서 8, 10대 국회의원을 하셨고 민주통일당 총재 하시면서 중앙당 운영비 100%를 부담하셨다.

5선 국회의원을 하면서 국내기업에서 정치자금 단 한 푼 받지 않고 재일교포 친동생이 일본에서 큰 사업을 하며 정치자금을 지원해주었고 故 이승만 대통령 재직 때도 故 현곡 양일동 총재 동생이 한국경제에 많은 도움을 주신 거로 알고 있고 故 김영삼 전 대통령과 故 김대중 전 대통령과 전주에서 7선 의원과 국회부의장을 지낸 서울평화상문화재단 이사장을 지낸 故 이철승 헌정회 회장께서도 故 현곡 양일동 총재를 형님으로 모셨다.

故 현곡 양일동 총재께서 1980년 4월 1일 장충단공원에서 사회장으로 장례식할 때 故 김영삼 전 대통령께서 장례위원장을 하셨고 故 김대중 전 대통령께서도 장례식에 참석하여 조사를 낭독하셨고 그 당시 생존하셨던 故 윤보선 전 대통령과 故 민관식 전 국회부회장 등 여·야의 전·현직 의원들과 시민들이 많이 참석하였다. 여·야의 당직자들도 많이 참석하여 애도를 표하였다.

본인은 매년 故 현곡 양일동 총재의 4·1 추도식에 25회 이상 3단 조화를 보내고 참석하여 애도를 표하였다.

본인은 고향마을에 거주할 때 마을 어른들의 사랑을 많이 받고 자랐다. 본인이 출생하기 전 모친께서 태몽을 꾸셨는데 고향 선산 재실 지붕 위에 밝고 둥근 보름달이 떠 있었고 그 보름달 밤에 청룡이 구름을 타고 승천하는 태몽을 꾸신 후 본 인을 출산하였다고 하셨고, 모친께서 생존하시는 동안 수 차 례 본인에게 공부 많이 했으면 대통령이라도 했을 것이라고 하시면서 애석해하셨다.

본인이 사회활동 하면서 이 나라를 이끌어가는 지도자들을 많이 만났고, 박사학위 받은 대학교수들을 만날 때도 본인에 게 머리가 명석하다는 말을 많이 하였다.

본인은 3남 3녀의 형제이고 위로 누님 한 분 계셨는데 2020 년 9월 2일 79세로 소천하셨고 현재는 본인 아래로 남동생 두 명과 여동생 두 명이 생존하고 있고 형제들은 모친 故 최은순 권사님의 신앙 대물림을 5대째 하며 교회 출석 잘하고 교회봉 사 열심히 하고 잘살고 있다.

외가는 외조부님 형님 되시는 故 최학삼 목사님께서 일제 때 평양신학교를 졸업하시고 전북 김제시에 9개 교회를 사재 로 건축하시고 목사님들의 사례비를 지원하셨고, 그 당시 출 산가정에는 쌀과 미역을 사서 보내셨고, 추석과 설에는 돼지를 잡아서 마을잔치를 해주셨고, 큰외삼촌은 25세에 남원경찰서장을 하셨고, 모친의 사촌 오빠 되는 분이 김제 경찰처장과 국회의원을 하셨고, 중앙대학교를 설립하신 故 임영신 박사가 모친 4촌 오빠 부인의 언니 되는 분이다.

본인 자녀 관계는 중간페이지에 기록되어 있다.(참고)

본인 집안은 외조부님으로부터 현재 5대째 신앙 대물림을 하고 있다. 장로 2명, 권사 제수씨 포함 6명, 안수집사 1명, 박사 2명, 대학강사 2명, 고등학교 교사 2명 등이다.

故 현곡 양일동 민주통일당 총재께서 군산에서 3, 4, 5대 국회의원에 출마하셨을 때 본인 선친께서 군산 청구목재공업주식회사 임·직원 가족들과 함께 선거운동을 하여 현곡 선생께서 군산에서 3, 4, 5대 국회의원에 당선되는 데 큰 도움을 드렸고, 임피면장을 하셨던 고 진영권 6촌 형님께서도 현곡 선생 선거에 많은 도움을 드렸다. 현곡 선생이 고향에 오시면 본인 선친과 면장 하신 형님과 약주도 드시고 가셨다. 현곡 선생께서 임피초등학교에서 정견(政見) 발표하시는 모습도 보았다.

현곡 양일동 선생은 군산에서 3, 4, 5대와 서울 성동갑구에서 8, 10대 의원을 하셨다. 6, 7대는 10월 유신 반대하여 고 박정희 대통령이 전주 출신 고 이철승 전 의원과 함께 정치투쟁법으로 묶어서 국회 진출을 못 하셨다. 현곡 선생 생존 시에 본인은 중구 신당동 자택에도 방문하였고, 중구 삼각동 당사와 성동지구 당사에도 현곡 선생 승용차를 타고 갔었다.

현곡 양일동 선생은 본인 둘째 고모부 사촌 동생 되시고 양순용 선생은 현곡 선생 국회 비서관하셨는데 본인 고모부의 친동생 되는 분이다. 양순용 선생은 본인이 어렸을 때 뵈었는데 미남이셨다.

본인 고향집은 안채와 사랑채가 있었고 앞마당에는 대추나무가 있었고 마당 한쪽에 씨 없는 감나무가 한 그루 있었고 본채 뒤에는 대추나무, 단감나무, 배나무, 앵두나무가 있었다. 조부님께서 손자 손녀들 과일 따 먹으라고 심으셨다고 한다.

지금도 추억에 남는 것은 고향 임피초등학교 뒷산에 봄이면 아름드리 벚나무에 만발한 벚꽃이 매우 아름다웠다. 옆집에 거주하신 임피면장을 역임하신 6촌 형님의 과수원에 봄이면 만발한 복사꽃도 매우 아름다웠고, 그 당시 서울에서 대학에 다니는 병선 조카님이 겨울에 고향 저수지에서 스케이트 타는 모습도 보았다. 다른 사람은 스케이트를 타지 않았다. 모든 사람이 부러워했었다.

사회에서 만난 분 중에 잊을 수 없는 분은 서성호 장로님과 제주영락교회 김종식 원로 장로님이다. 회사 업무로 제주도를 열여섯 번 다녀왔다. 본인이 제주도 가게 되면 김종식 장로님께서 제주공항까지 승용차를 가지고 오셔서 본인을 태우고 호텔에 가서 음식 제공하시고 여미지식물원을 관광시켜 주셨다. 두 번 정도 그렇게 하였고 본인이 장로님과 권사님 선물도 전해드렸고 김 장로님께서 제주 중앙로 번화가에서 금은보석 시계점 하실 때 본인 모친 시계도 선물해주셨다.

김 장로님과는 35년 이상 형님 동생처럼 지낸다. 그 당시 김 장로님께서는 제주도에 땅 약 40만 평을 소유하셨고 제주도 최고의 재력가이셨고 제주 장로 성가 단장과 CTS 기독교 CBS 극동방송 이사 역임하셨고 김 장로님께서는 서울에 아파트를 구입하고 1남 4녀 모두 서울의 대학에 공부시켰고 자녀들 결혼 주례는 박조준 목사께서 하셨다.

장로님 장남은 중앙대 음대 교수와 선명회합창단 음악 감독과 명성교회 성가대 지휘자이고 차녀는 한양대에서 박사학위를 받고 장신대 교수와 명성교회 오르간 반주를 25년 하고 있다.

學校란

유대인들 교육시켜 국가에 봉사하도록 합니다

메소포타미아 지역을 탐사하던 고고학팀이 기원전 1,800년 전에 작성된 것으로 추정되는 한 비석을 발견했다.

비문을 정밀 판독했더니 흥미롭게도 그 속에는 수수께끼 같은 질문이 있었다. 질문은 다음과 같다.

"눈이 감긴 자가 들어가서 눈이 떠져서 나오는 곳은?"

질문의 답은? "학교(Academy)"였다.

세계 문명의 발상지였던 곳에서 살았던 고대인들은 이미 학교의 중요성을 알고 있었던 것이다.

유대인들은 나라가 망해도 마지막 지켜야 할 보루가 랍비(선생)라고 하였고 교육의 중요성을 강조한다.(相生教育)

현재 우리 한국의 교육제도로는 100년이 가도 노벨상 수상자를 단 한 명도 배출하지 못할 것이다.

일본은 2019년까지 노벨상 수상자 25명을 배출하였다.

현재 우리 한국의 교육 현실은 어떠한가?

경쟁교육제도이다. 성공할 수 없는 제도이다.

우리 자녀들의 올바른 교육은 가정에서부터 출발하여야 한다.

우리의 부모들이 가정에서 자녀들에게 모범을 보여야 한다.

상생(相生)하는 방법을 가르쳐야 한다.

인문교육과 기술교육을 병행시켜야 한다.

일찍이 선진국 독일과 일본은 인문교육과 기술교육을 병행시켰기 때문에 독일과 일본은 기술 강국 선진국이 될 수 있었다.

독일의 벤츠 자동차 회사는 130년이 넘었는데 지금도 건강한 기업활동을 하고 있다.

가까운 예로 연 매출 240조 원이고 국내 총 전체 수출 5분의 1을 차지하는 삼성반도체도 일본에서 부품을 들여와야 조립(組立)이 가능하니 말이다.

미국에서 일류대학을 졸업하고 가스용접공 면허증을 취득하면 연봉 2억 원이라고 한다.

우리의 교육 현실에서 현재 우리 한국의 학부모들이 자녀를 4년제 대학 졸업시켜 가스용접공 시킬 부모 단 한 분도 없을 것이다.

임진왜란 7년 전쟁 동안 조정의 대신들은 당파싸움만 하고 나라를 누란의 위기에서 구하지 못한 큰 책임이 있다.

학부모들이 공교육보다는 사교육에 더 관심을 두고 있으니 국가의 미래가 어둡기만 하다.

사교육비 연간 약 20조 투자하는데도 교육의 발전 없음을 국가 지도자와 학부모들이 반성해야 한다.

고3 학생들에게 부모들이 올바르게 교육하지 못하고 있다. 학교 교육과 학원 사교육을 받고도 대학을 입학하지 못하고 재수, 삼수까지 하는 학생들이 있고, 수능시험일에는 공기업과 은행원들 한 시간씩 늦게 출근하고, 수능 듣기시간에는 항공기 이·착륙도 통제하는 이 나라가 현재까지 노벨상 수상자 단 한 명도 배출 못 하는 이 나라의 한심한 교육제도이다.

정부와 교육 당국자와 학부모가 다 같이 반성해야 한다.

수년간 정권이 바뀌고 교육부 장관이 여러 번 바뀌어도 교육정책 하나 제대로 개혁하지 못하고 계속 실패하는 교육부 장관과 교육정책만 양산하고 있으니 매우 한심한 일이다.

경기도 교육감 하신 분도 교육부 장관 재직했으나 결국 실패하고 물러났지 않은가. 본인이 현직 유은혜 교육부 장관에게 교육개혁에 대한 시안 48매를 작성하여 보내었고, 본인이 보낸 자료 참고하여 교육 개혁하겠다고 장관 직인 찍힌 답변서를 받았는데 앞으로 어떠한 방식으로 교육개혁이 이루어질지 매우 기대되는 바이다. 『하버드대학의 공부벌레들』이라는 책이 출판된 적 있고 많은 교육관계자와 학부모들이 그 책을 읽었다고 하나 실제로 현실에 적용하지 않고 있다. 실천이 매우 중요한데 좋은 줄 알고 있으면서도 선뜻 나서서 실천하지 못하는 것이 우리의 교육 현실이다. 대학 입시 수능시험 기간에 사설학원의 강사들이 대학 캠퍼스를 점령하고 장소를 빌려 학부모들과 학생들을 모아놓고 수능시험 설명회라는 해프닝을 연발하고 있는데 과연 이 나라의 공교육 관계자들은 무얼 하는 사람들인가?

더욱 한심한 것은 교육부 차관이라고 하는 사람이 언론에 한 말은 사교육 받은 학생들이 수능시험에서 좋은 점수 받을 수 있다고 하는 언론 보도를 읽고 통탄한 마음 금할 수 없었다. 서울 강남에 사설학원 운영하여 20여 층이 넘는 빌딩을 소유한 사람들도 있다. 매우 한심하고 통탄한 마음 금할 수 없다.

기성세대들이 자주 하는 말은 자식 이기는 부모 없다는 말을 하는 한심한 사람들이 많이 있는데 역사적으로 931번의 외침을 받은 이 나라인데 가정에서마저도 무슨 전쟁하는 것인지?

자식 이기는 부모 없다는 말을 자주 하는 사람들을 보면 정말 한심하기 그지없다. 부모들이 가정에서 자녀들에게 모범을 보이고 올바른 생활을 하는데 자녀들이 왜 문제를 일으킬까요?

최근 언론에 보도된 바에 의하면 어느 어머니는 아들이 군대 입대 후 아들 군부대 옆에 방을 얻어놓고 매일 아들 면회하러 가니 부대장이 매우 곤혹스러워한다는 보도를 접하고 매우 한심하다는 생각을 하게 되었다.

이 나라 교육제도가 경쟁 교육제도이다 보니 국가와 사회의 모든 구조가 경쟁하는 시대가 되었고 상생하는 모습은 상상할 수 없게 되었다. 상생(相生) 서로가 다 잘살 수 있는 교육과 사회제도이어야 이 나라가 발전할 수 있고 국가 경쟁력을 키울 수 있다.

유럽의 자녀교육

유럽 귀족들의 자녀들은 군입대 할 때 최전방 부대를 선호한다고 한다. 왜냐하면, 유럽의 귀족들은 국가로부터 많은 혜택을 받고 살기 때문에 군입대 시에 최전방 부대에 가서 국가를 위해 국방 의무하겠다고 하는 다짐이 있고 영국의 헤리 왕자도 군입대 시 중동지역에 근무한 적 있다.

우리 국가의 지도자들이나 재벌가의 자녀들은 어떠한가? 군입대 시 신체검사 결과까지도 속여가면서 전방 근무 기피하고 후방 근무 선호하는 우리의 현실이고 고위층 지도자들 역시 자녀들을 전방부대에 근무하지 않게 하려고 안간힘을 쓰고 있다.

고위층 지도자 임명 때 국회 청문회 때마다 부동산 전입 문제와 자녀들 병역 문제로 곤욕을 치르는 경우가 많음을 기억한다. 매우 한심한 일이다.

미혼 여성들이 농촌 총각한테는 시집 안 가겠다고 한다는데 그들의 부모는 과연 어느 곳 출신인가? 100% 도시인이지는 않을 것이고 농촌에 시집가기 싫으면 우리 농촌에서 생산하는 농산물 일절 먹지 말고 태평양 바다의 물고기나 잡아먹고 살기 바란다. 매우 이기적인 여성들이다.

본인이 만난 어느 고등학교 여교사가 하는 말이 그 자신은 결혼했으나 출산은 하지 않겠다고 자신이 가르치는 학생들 앞에서 말하는 것을 목격했는데 과연 그 교사가 주간에 교사로 근무하고 밤에 집에 가서 편안히 취침할 수 있는 것은 누구의 덕분일까요?

국방의 의무를 감당하면서 전후방을 지켜주고 해안을 경계해주는 해병대의 덕분 아닐까요? 남의 자녀들이 군 복무하면서 이 나라 이 민족을 지켜주니까 낮에는 직장 근무하고 밤에는 편히 취침하면서도 자신을 위해 수고하는 국군장병들의 노고에 감사해야 하고 자신도 결혼했으면 출산하여 그 자녀가 국방의무 해주어야 하지 않겠는가?

품앗이라는 말뜻을 기억해야 할 것이다. 이 나라 교육이 이기적이고 경쟁교육이다 보니 앞의 결과를 양산하고 있는 것이다. 국가의 모든 지도자와 모든 국민이 반성하고 각성해야 한다.

한국의 현실

1950년 6·25 한국전쟁 당시에 미국의 고층빌딩 앞에는 유대인과 개는 출입금지라는 표지판을 설치했을 정도로 그 당시 미국 사회에서 유대인들은 개 취급당했으나 그들은 설움과 고통을 감수하고 집성촌을 이루어 오늘날 미국 사회에서 유대인들은 매우 정치적으로나 경제적 우위를 차지하고 있고 미국 정치권에 유대인들이 정치후원금 지원하지 않으면 미국의 공화당과 민주당이 존재하기 어렵다고 한다.

오늘날 우리 대한민국은 어떠한가? 미국의 1개 주보다도 작은 나라에서 경상도, 전라도, 충청도 따지고 편 가르기 하는 모습을 지켜보면 매우 한심하기 그지없다. 우리 민족의 최대 결점은 단결하지 못하는 것이다.

임진왜란 7년 전쟁 동안에 조정의 대신들은 당파싸움에 정신 팔려 이순신 장군이 아니었으면 아마도 이 나라는 일본 땅이 되었을 것이다.

지금 우리의 농촌 현실은 어떠한가? 농촌 총각에게 시집 안 가는 여성들, 매우 이기적인 여성들 때문에 우리의 농촌은 황폐화되어가고 그나마도 결혼하고자 하는 총각들은 외국 여자들과 결혼하기 위해 많은 경제적인 부담을 해야 한다.

외국 여성들이 농촌으로 시집와서 낮에는 농사일하고 그들이 출산하면 베트남, 필리핀, 중국, 러시아 아기 낳게 되어 우리 농촌은 앞으로 혼혈아 농촌이 되고 직장에도, 군대에도, 산업시설에서도 외국 혼혈아들이 다 차지하게 되는 슬픈 역사를 이어가게 될 것이고 매우 비극적인 일들이 많이 발생할 것이다. 농촌 총각들도 과학 영농하여 억대의 연봉을 올리는 사람들이 많음을 미혼여성들도 기억해야 할 것이다.

하림의 김홍국 회장도 전북 이리농고 졸업했고, 할머니가 사다 준 병아리 10마리를 키워 하림을 키웠고 오늘날 하림은 국내 닭고기 시장 40% 이상 시장 점유를 높이고 있고 김홍국 회장이 나폴레옹 모자 25억에 낙찰받아 서울 강남 하림 사옥에 전시하고 있고 김홍국 사장의 경영 스타일은 나폴레옹을 많이 닮았다고 언론에 보도된 바 있다. 나폴레옹은 53에 운명했는데, 그는 53년 생애에 8,000권의 책을 읽었고, 목욕할 때도 책을 읽었고, 전쟁터에 말 타고 가면서도 책을 읽었다고 한다.

나폴레옹이 운명하기 전 마지막 남긴 말은 프랑스 군대 전진 내 사랑 조세핀이라고 하고 운명하였다. 우리 모든 사람 각자에게는 그들의 마음속에 숨겨진 보화가 있는데 다만 빨리 발견하지 못하여 고통과 시련에 시달리고 있는 것뿐이다.

코미디 황제였던 고 이주일 씨는 그 자신의 생활이 불우한 생활이었기에 그는 항상 대중 앞에서 못생겨서 미안하다는 말을 많이 했고 그는 바보, 오른발 뒤뚱걸음으로 그를 지켜보는 대중이나 시청자를 많이 웃겨서 코미디 황제라는 칭찬을 받았다.

이주일 씨는 돈 벌어서 관악구 봉천동에 거주하는 그의 양아버지 독립유공자 연립주택도 사주었다. 또 이주일 씨는 후배들을 많이 도와주었다고 한다.

교육개혁이 우선

마지막으로 이 나라 우리 대한민국이 발전하기 위해서는 교육개혁을 최우선으로 해야 한다. 교육부 장관과 교육관계자들이 영국의 명문 이튼칼리지나 옥스퍼드대학과 미국의 하버드, 예일대 등 세계의 유수한 명문대학 등을 방문하고 우수한 인재들을 교육하는 교육시스템을 도입하고 우리 실정에 알맞게 개선하여야 하고 공교육 활성화하고 사교육은 100% 철폐시켜야 하고 두 번째는 국회를 개혁해야 한다.

덴마크는 한국보다 선진국이고 국민소득도 높은 나라인데 덴마크 국회의장은 특별한 행사가 없으면 자전거로 국회 출근을 하고 있고, 덴마크 국회는 30년간 의사당에서 여야 의원 간에 큰소리 한번 낸 적 없이 국회를 민주적으로 잘 이끌어가고 있다고 한다.

우리 한국의 국회가 계속 현행대로 유지될 바엔 하루빨리 국회 해산시키고 대통령이 청와대에서 장관들 모아놓고 국무회의할 때 각 부처 장관들한테 현황 보고받고 감사원 감사 활성화하면 부정부패 뿌리 뽑을 수 있고, 정치는 싱가포르 정치 본받으면 되며, 싱가포르는 껌만 소지해도 80만 원 벌금을 내야 하고, 무단횡단해도 80만 원 벌금 내게 하고, 쓰레기 함부로 폐기하면 25만 원 벌금 내게 하고, 세 번까지 반복하면 그 사람 옷에다가 이 사람은 쓰레기를 함부로 버리는 사람이라고 하고 그 사람 옷에 새겨주고 그 사람은 함부로 쓰레기 폐기한 곳에 가서 매일 청소하도록 한다.

싱가포르는 인구 550만 명인데 공무원이 깨끗하고, 도시가 깨끗하고, 물이 깨끗한 나라라고 한다.

20대 국회는 4년간 각 상임위원회 법안 통과율 36%였고, 4년간 국회의원 세비 세 번 인상하는 해프닝을 발생시켜 한심한 국회였다.

국회의원들이 놀고먹으면서 보좌진 9명 거느리고 있어 세금 내는 모든 국민이 한심한 생각뿐이라고 한다. 이 나라 국회의원들과 정치인들 양심이 전혀 없는 사람들이다.

영국은 우리 한국보다 선진국인데 영국 하원 초선의원은 사무실도 없어서 선배사무실을 공동으로 사용한다고 한다. 우리 한국의 국회의원들은 일단 당선되면 50평 사무실에 9명의 보좌진을 거느리고 있다.

국가예산 엄청나게 낭비하고 있으면서도 20대 국회 4년간 법안 통과율 36%에 지나지 않고 세 번의 의원 세비 인상하였으니 한심한 국회일뿐이다.

정부와 국회와 여성가족부가 협조하여 결혼정보법 개정하

고 대학 졸업한 남녀 학생들 무조건 결혼시키고 25평 아파트 무상으로 주고 3명의 자녀 낳도록 출산정책을 바꾸고 20년간만 유지하면 외국 여성들 오지 않아도 되고 군대 갈 청년들과 산업시설에서 일할 청년 인력 보충된다. 하루속히 서둘러 법 개정해야 이 나라 살 수 있다. 정치지도자들과 국민이 협조해야 이 나라 살 수 있다. 이기적 생각 100% 버려야 이 나라 발전한다.

연세대학교의 명예교수이고, 한국 철학교육의 1세대 철학자이고, 100세 건강을 유지하면서 지금도 저술 활동과 강의하는 김형석 명예교수께서 KBS 1TV 이금희 아나운서가 아침마당 진행할 때 새해 첫날 출연하여 강의하면서 아주 오래전에 모 대학교에서 총장으로 모신다는 이야기를 들었을 때 거절했다고 하면서, 그 이유는 대학 총장이 되면 학교행정 관리해야 하므로 강의 나갈 수 없게 되어 거절했다고 하며, 자신은 살아 있는 동안 학교와 기관단체에 가서 열심히 강의 활동하여 이 나라 이끌어갈 국가의 동량과 인재를 더 많이 양성하는 것이 목표라고 하여 눈시울을 적신 적 있었고 그날 아침마당 참석자들과 시청자들에게도 많은 감동을 주었으리라 믿는다.

일부 대학교수들이 제자의 논문을 표절해서 학위 받은 후 들통나서 언론과 방송에 보도되어 망신당하는 것도 가끔 보게 되었다. 대단히 망신스럽고 창피스러운 일이라 생각된다.

영국의 명문 이튼은 많은 영국의 유명한 지도자들을 배출하였고, 처칠과 워털루에서 나폴레옹을 물리친 웰링턴 장군도 이튼 출신이다.

웰링턴이 워털루에서 나폴레옹을 물리치고 승전한 후 모교인 이튼에 와서 연설하면서 워털루의 승전은 이미 이튼 교정에서 판가름 났다는 유명한 연설을 하였고, 이튼 출신들은 재학 시 시험을 치를 때 절대로 커닝을 하지 않는다고 한다. 그것이야말로 이튼의 전통이고 자존심과 학교의 명예를 지키는 것이라고 한다. 시험감독관 없이 시험을 치른다.

본인은 1남 1녀의 자녀가 있는데 자녀들에게 항상 1등 하라는 말을 하지 않았고 주어진 현실과 환경에서 최선을 다하라고 격려하였고, 자녀들 중학교와 고등학교 때 주말이면 서울 광화문 교보문고에 가서 아들과 딸이 읽을 수 있는 책들을 구입하여 다 읽게 하였고 자녀들은 열심히 책을 읽은 후 독후감을 제출하여 독후감 상을 받았고 중·고등학교 때 선행표창도 여러 번 수상했다.

나의 여식(딸)은 신장 170㎝이고 고등학교 때 학교 수업이 끝나면 독서실에 가서 공부했고, 본인이 딸에게 등교할 때 책가방 속에 포켓용 성경책 넣고 가서 방과 후 독서실에 가서 공부할 때 성경 한 장 읽은 후 하나님께 기도하고 공부하라고 하였다.

딸은 서울 일류대학에 과외공부를 하지 않고 8 : 1로 합격해 대학교 1학년 때 영어 웅변대회에서 전교 2등 했고, 대학교 4학년까지 5개국어 열심히 공부해 대학교 졸업 후 언론사 취재기자로 6년간 재직한 후 2006년 과천시민회관에서 결혼했고, 결혼축의금 일부는 서울 신촌세브란스병원 암 환자 치료비로 기부했다.

2006년 결혼하고 2009년까지 3년간 세계 53개국 여행과 성지순례 하면서 사위는 고성능카메라로 53개국 성지순례 지역과 문화유적과 고적 답사 촬영했고 딸은 기자이기에 노트북으로 53개국 취재했으며, 귀국한 후 서울 종로5가 연동교회 건너편 다사랑 카페에서 귀국사진전 해서 사진전 수익금은 국제 NGO 기아대책기구에 100% 기부했다.

3년간 53개국 여행한 목적은 하나님께서 창조하신 이 지구상에 어떠한 사람들이 거주하고 있는지 한번 가보겠다고 하고 결혼식에 참석한 축하객들에게도 딸과 사위 세계 일주하고 귀국할 때까지 간절한 기도 부탁드린다고 했다.

그렇게 하여 3년간 53개국 세계 일주와 신혼여행을 하였고 사진전하고 수익금 100% 국제 NGO 기아대책기구에 기부하였고 귀국한 후 시부모님이 마련해주신 아파트에서 초등학교 6학년과 4학년이 된 외손녀를 출산하여 양육 잘하고 행복하게 살고 있다.

파스퇴르유업을 창업하신 최명재 회장께서 영국의 명문 이튼칼리지를 다녀오신 후 강원도 횡성군에 파스퇴르유업 우유 공장을 건축하실 때 민족사관학교에 등교하는 학생들이 파스퇴르유업 우유 생산시설에서 일하는 근로자들의 모습을 바라보면서 민족사관학교 교문을 들어가도록 우유 공장과 민족사관학교 진입하는 통로를 연결하게 했고, 그 이유는 근로는 신성한 것이기 때문이다.

최명재 회장께서 민족사관학교에 약 1,000억 원 정도 투자하여 국가의 동량을 육성하기에 노심초사하였으나 경쟁업체와의 광고 전략에서 실패하여 교육관계자들의 마음을 아프게 했다.

정부에서 적극적으로 지원하여야 하는데 그렇게 하지 않은 정부 당국의 책임도 크다.

※ 참고 : SBS 오후 뉴스 자막에 보면 한국국가부채 1초에 305만 원 늘어난다. 우리 국가 매우 심각하다.

문재인 정부가 606조 부채 물려받고 문재인 정부 끝나면 약 1,000조의 부채 추가되니 전체 1,606조의 국가부채가 가중되어 국민들은 매우 불안하다.

대통령과 정치지도자들 교육 책임자와 관계자들, 기업과 국민이 모두 긴장하고 정신 차려야 국가 부도 막을 수 있다.

걷는 자만이 앞으로 갈 수 있다. 기쁜 마음으로 부지런히 똑바로 우리 한국이 선진국 대열에 참여하기 위해서는 아래와 같이 개혁해야 한다.

교육개혁

가정, 학교, 국가, 사회가 다 함께 고민하고 연구해야 한다.

우리 가정에서는 부모가 자녀들에게 모범이 된 생활을 하고 인성교육, 효와 예절교육, 역사교육, 창의교육을 시행하여야 한다.

학교에서도 위와 같이 교육하여 공교육 활성화하고 창의교육, 예절교육 하고 사교육 철폐시켜 교육예산 절감해야 학부모들의 부담을 덜어줄 수 있다.

교육부 : 영국의 명문 이튼나 세계 선진국들의 선진화된

교육프로그램을 참고하여 우리 한국 실정에 맞는 교육시스템을 적용해야 한다.

왜 하버드, 예일, 영국의 옥스퍼드 등 해외의 유명대학에 많은 교육비를 지출하고 있는가? 우리 한국의 우수대학에서도 얼마든지 훌륭한 인재교육이 가능하다. 선진국 교육제도를 도입하여 우리 실정에 접목하면 가능하다. 한국 대학문화의 개선할 점은 아래와 같다.

현재 도시나 지방 대학생들 일단 대학에 입학하면 공부하려고 노력하지 않고 이성 친구 사귀는데 열을 올리고 그렇게 하고 있다. 밤잠을 설치면서 공부해도 모자란다. 학생들이 이성 친구들과 어울려 다니면서 막걸리, 소주, 맥주 마시고 남녀 학생들 담배 피우고 있으니 뇌 손상되어 그들이 무슨 공부 하겠는가?

그러한 자녀 학생들에게 뼈 빠지게 돈 벌어서 송금해주는 학부모 생각하면 마음 아프기 그지없다.

명문 하버드대학의 공부하는 벌레들은 대학 입학하면 공부하기에 바빠서 이성 친구 사귀는 일은 뒷전이라고 한다. 하버드나 예일, 옥스퍼드 등 세계 명문대학의 학생들은 대학에 입학하면 일단 공부하는데 가장 많은 시간을 보내고 있다.

그들은 대학 시절 열심히 공부하고 좋은 직장 구하면 그다

음은 그들의 문제가 다 해결된다는 확신을 하고 있다고 한다.

명문대학교를 졸업한 후 좋은 직장에 다니면 훌륭한 배우자를 만날 수 있다고 그들은 확신한다. 국가교육제도도 경쟁교육에서 상생(相生) 교육제도로 개선해야 국제경쟁력을 키울 수 있기 때문이다.

우리 한국이 노벨상을 받지 못하는 이유는 아래와 같다.

한국의 대학교수들 가운데 한자를 가장 많이 연구하였던 고진태하 전 인제대 석좌교수(문학박사)님 생존 시에 서울 세종호텔에서 점심 대접하면서 나눈 대화 중 왜 우리 한국은 노벨상 수상자를 단 한 명도 배출하지 못하느냐고 질문했을 때 진태하 석좌교수께서 다음과 같다고 말을 했다.

"현재 서울대학교 도서관에 약 500만 권의 장서가 비치되어 있는데 대학생들이 한자를 읽지 못하여 한자로 출판된 책은 읽지도 않고 대여해가지도 않는답니다. 나라에서 한자 교육에 소홀히 했고 역대 대통령 중 한자 교육 철폐시킨 대통령도 있으니 이 나라 미래가 정말 어둡기만 하였습니다. 학생들이 한자를 읽을 수 없으니 문해력(文解力)이 뒤떨어져서 올바른 논문을 쓸 수 없다고 합니다. 남학생들이 제일 많이 읽는 책은 무협지라고 합니다. 한자를 모르는 학생들이 무협지 읽고 싸움하는 책을 읽으니 데모만 하는 것입니다. 학내분규 일으키고요, 갈등 일으키고 화합을 이루지 못하고 있는 것입니다."

일부 소수의 대학교수가 제자들 논문을 표절하여 사회적 문제 일으키고 망신당하는 모습 언론을 통해 알 수 있다.

중앙대학교에 교환교수로 다녀간 한 일본인 교수가 남긴 이야기를 참고했으면 한다.

중앙대학교에 2년간 교환교수로 다녀간 교수가 귀국하면서 남긴 말은 한국의 대학교수들 일부는 강의 끝나면 연구실에 남아 있지 않고 퇴근하기 바쁜 모습을 많이 목격했다고 언론에 보도한 내용 기사를 읽은 적이 있다. 우리가 모두 한 번쯤 생각해봐야 할 내용이다.

대학교수들이 책 2,000권도 읽지 않은 분들 많이 있었다. 현재 세계 3대 재벌인 미국의 투자가 워런 버핏은 2021년 현재 약 90세인데도 하루 책 500페이지 이상 읽고 많은 정보를 수집한다고 한다. 빌 게이츠도 휴가 동안 많은 책을 읽는다는 언론 보도도 있었다. 우리가 모두 본받아야 할 사항이다.

우리 대한민국의 교육제도는 영국의 이튼칼리지나 선진국 교육제도를 우리 한국 실정에 맞추어 개혁해야 하고 학부모들도 책을 많이 읽고 자녀들을 학교 공교육에 맡기고 사교육 현장에 보내서는 절대로 교육 성과를 거두지 못하고 교육비 지출만 많아지고 결과는 없는 교육에 한숨짓게 된다. 학부모들이 명심해야 한다.

교육부 중심으로 교육프로그램 개선해 국가의 공교육 활성화해서 사교육에 자녀를 내몰지 말고 사교육 관계자들에게 자녀를 내몰지 않기를 바란다.

사교육업자들 배를 불리는 교육으로는 이 나라 미래를 기대할 수 없기 때문이다. 정부와 교육부와 우리의 학부모 모두가 깊이 반성해야 한다. 그래야 이 나라 미래를 이끌어갈 국가의 인재와 동량을 육성할 수 있다.

공직(公職)

국가에서 공직자에게 직책을 부여하는 것은 그들의 공직과 직책을 잘 수행하여 국가와 국민 모두에게 봉사하라고 하는 것인데 일부의 공직자들은 자신의 공직과 직책을 남용하여 사리사욕 채우기에 몰두하다가 하루아침에 끝없이 추락하는 모습을 가끔 언론과 방송 보도를 통하여 모든 국민이 목격하게 되고 한숨만 쉬게 되는 것이다. 추락하는 것은 날개가 없다.

세월호의 비극적인 사고도 일본에서 18년 운항했던 폐여객선을 이단 사이비 종교인 구원파 고 유병언이 사다가 대한민국 정부에 운항 허가 신청했을 때 해당 부처에서 운항 허가 내주지 않았으면 세월호의 비극은 발생하지도 않고 천문학적인 국가 예산 낭비되지도 않았을 것이다. 해당 부처의 공무원이 뇌물 받고 세월호 운항 허가 내주므로 비극적인 대형사고 발생하여 꽃 같은 어린 청소년들 희생되고 그 학생들의 지도교사들과 가족들과 꽃 같은 젊은 여교사들까지도 목숨을 잃은 매우 참담하고 가슴 아픈 사건이었고 천문학적인 국가 예산 지출하고도 그 상처 치유되지 않았고 세월호진상조사위원회 다 뭐다 하여 소모적인 정쟁 발생시키고 거기에 상승하여 일부 정치인들과 국민 일부는 그들이 과연 애국자인 것처럼 자신들의 차량에 세월호 리본 그려서 다니는 한심한 작태를 보였고 세월호 사건 이유로 수많은 이익단체가 사리사욕 채우기 위해 앞장섰던 한심한 작태를 보였다.

외국의 경우 타이타닉호의 비극도 무전병의 안전불감증에서 대형사고가 발생했고, 미국이 일본한테 진주만 공격받을 때도 미 해군 관측장교의 관측 실패로 인하여 일본의 공격 때문에 하와이 진주만이 초토화되는 비극을 맞이하게 되었고, 그날 밤 미 해군의 관측장교는 자신의 애인과 파티에 참석하기로 약속했기에 자신의 업무를 소홀히 하여 국가에 막대한 손실을 입히게 된 것을 우리는 지나간 역사를 통하여 반성하고 기억해야 한다. 모두가 안전불감증에서 발생한 사건이다. 항상 긴장하고 대형사고에 대비하여야 한다.

2021년 6월 14일 언론 보도에 의하면 이 나라 국가부채가 1초에 305만 원씩 늘어난다고 하는데 천문학적으로 증가하는 국가부채를 어떻게 감당할지 눈앞이 캄캄한데도 정신 나간 정치인들은 서울 여의도 국회의사당이 견고한 건물인데도 세종시에 국회의사당을 신축해야 한다고 하는 정치권 바라보면 그들이 과연 이 나라와 국민을 위해 존재하는지 심히 의심스럽고 세종시 공무원들 불편을 덜어주기 위해 세종시에 아파트 건축하여 저렴하게 분양해주었으나 일부의 공무원들은 자신들에게 분양된 아파트를 거주하지도 않고 웃돈 받고 처분하여 부동산 투기하는 악순환을 거듭하는 것이다.

대통령이 임명하는 공직자들 국회 청문회 할 때 그 공직자들 참석시켜놓고 국회 청문회 하는 국회의원 중 그들이 공직 후보자보다 더 깨끗할지 심히 의심스럽다. 겉모습은 백로이고 그들의 마음속에는 까마귀가 수백 마리씩 자리하고 있을 것이다. 누가 누구를 청문하겠다는 것인가? 이 나라 300명의 국회의원 중 국민 청문회에 참석시켜 국민이 300명 국회의원 청문회 하면 과연 300명 국회의원 중 국민 청문회에서 통과할 국회의원 몇 명이나 될지 심히 의심스럽다. 심히 개탄스러울

뿐이다.

법무부 장관과 국회의장까지 역임한 분이 골프장 가서 캐디 성추행하여 고발당하고 후배 검사에게 불려가 조사받고 합의금 주고 사과하고는 근신과 반성하지 않고 국회 행사나 정부 행사에 나타나서는 나는 캐디 성추행한 전직 국회의장이라고 자랑하는 것 같은 인상을 주고 다니니 한심한 일이다. 신 모 전직 검찰총장도 골프장 캐디 숙소에까지 가서 성추행한 것이 언론에 보도되었고 채 모 전 검찰총장은 현직에 있으면서 술집 하는 여성과 내연관계하고 자식까지 출산시키고는 언론에 보도되자 그 언론사 고발한다고 큰소리치다가 경찰과 검찰에서 조사 후 증거 제출하자 고개 숙이고 현직 검찰총장직에서 낙마한 것도 언론에 보도된 바 있다. 법을 집행하는 공직자가 법을 어기니 과연 이 나라는 어떻게 운영되고 질서가 바로 잡힐지 심히 개탄스럽다.

이 나라 모든 국민이 국회의원들이나 정치인들만 원망하고 비판할 게 아니라 국회의원들이나 정치인들에게 손 내미는 유권자 자신들도 크게 반성해야 할 것이다.

이 나라 국회는 덴마크 국회를 본받아야 하고 정치는 싱가포르 총리였던 고 리콴유 총리가 싱가포르를 통치한 것을 본받아야 이 나라에도 희망이 있고 국가 발전이 가능하다고 생각하는 바이다.

　고 리콴유 총리는 약 30년간 싱가포르를 통치하면서 모범적으로 국가를 이끌어갔고 임종 시에 측근들에게 자신의 생가(生家)도 헐어버리고 기념관도 세우지 말라고 하여 모범을 보였는데 이 나라 대통령들 모두가 임기 끝나기도 전에 퇴임 후 거주할 거처와 경호동, 사무동 건축하는데 열을 올리고 있어 한심한 생각만 든다. 그들이 과연 국가를 위하여 국민을 위하여 어떠한 모범적인 업적을 남겼기에 그러는지 심히 의심스러울 뿐이다. 퇴임한 대통령 부부가 고향에 내려가서 텃밭을 가꾸면서 자연과 벗하며 사는 것도 국민에게 감동을 주는 사례라고 믿어 의심치 않는다.

결론

　교육개혁, 정치개혁, 국가의 제도를 개혁해야 이 나라 국가발전을 이룰 수 있다. 관계자들이 많은 노력해야 할 것이다. 본인은 기독교 신자이나 불교, 천주교도 매우 존중하고 하루 다섯 번씩 매일 시간을 정해놓고 이 나라 지도자들과 정치지도자들과 성직자 종교지도자들과 해외선교사들과 국가의 공직자들과 5천만 국민이 이 나라의 법과 질서를 잘 지켜서 행복하게 살게 해 달라고 정성을 다하여 기도한다.

미국의 1개주 보다도 작은 이 나라에서 지역갈등이 있어서야 되겠는가?

대통령과 국가 지도자들과 기업인들이 인재를 적재적소에 배치하면 나라와 정치권과 기업 모두가 크게 발전하리라 믿는 바이다.

고 박원순 전 서울시장의 성범죄와 오거돈 전 부산시장이 성범죄를 저질러서 보궐선거할 때는 그들의 재산을 처분하여 보궐선거 예산으로 사용해야지 왜 국민의 혈세를 지출하여 성범죄자들로 인해서 발생한 보궐선거에 예산을 지출하는지 도저히 이해할 수 없다.

인간쓰레기들이 저질러 놓은 성범죄로 보궐선거하면서 국민을 번거롭게 해놓고 선거비용에 국민의 혈세를 사용하는 정부 한심하기 그지없다.

반복되는 성범죄에 대하여 강력히 경고한다. 특수조직인 군대조직에서 남자 상급자가 자신의 계급과 직위를 이용하고 남용하여 후배 여성 군인을 성폭행하거나 성추행하는 범죄를 저질렀을 때는 성범죄 가해자를 그 사람이 태어난 고향마을에 끌고 가서 범죄행위를 고향 사람들에게 일일이 공개한 후 바로 그 자리에서 사형 집행하고 반복되는 군대의 성범죄를 뿌리 뽑고 근절시켜야 하고 직장이나 그 밖의 사회 어느 조직과 단체의 성범죄도 위와 같이 처리하여야 한다.

해마다 수능시험 일이 다가오면 사설학원 강사들이 대학 캠퍼스를 누비고 다니면서 학부모들과 수능 앞둔 학생들을 모아 놓고 아는체하는 강의 못 하도록 뿌리 뽑고 학교의 공교육만 받고도 대학 진학하도록 하고 능력 부족하면 기술 배워서 면허증 따서 취업하고 먹고 살면 된다.

독일과 일본은 기술 강국이고 독일은 지금도 130여 년 된 벤츠 자동차회사에서 명품 자동차를 생산하고 있고 일본의 반도체 부품 들여오지 않으면 삼성반도체 조립하지 못한다니 한심할 뿐이다. 한국의 교육도 인문교육과 기술교육 병행하였으면 진작에 경제선진국 되었을 것이다.

고려 시대, 조선 시대부터 양반 상놈 구분하고, 글 쓰는 선비만 선호하고, 기술자들을 천대하였기에 오늘날과 같은 비극을 초래하는데도 지금도 정부 관계자들이나 교육관계자들과 학부모들, 국민 대다수가 사무직만 선호하는 낙후된 국민의식을 개혁해야 한다.

본인 집안의 진대제 박사가 경기고등학교를 졸업하고 국비유학생 1호로 미국의 명문 스탠퍼드대학교 전자공학과 박사학위를 취득한 후 미국의 IBM에 연구원으로 재직할 때에 IBM과 일본 소니에서는 진 박사께 백지수표를 내놓고 희망하는 연봉 금액을 써내라고 제의하였고, 한국의 삼성그룹 고 이병철 회장께서도 삼성 뉴욕 현지 법인 사장에게 지시하여 진대제 박사를 꼭 한국으로 모셔와야 한다고 하였을 때 진대제 박사는 한국 최초로 국비유학생 1호로 미국 갔기 때문에 일본 소니와 미국 IBM의 좋은 스카우트 조건을 거절하고 귀국하여 수원에 삼성반도체 공장을 건설한 후 생산, 판매, 영업 인력관리까지 총괄하였고 진대제 박사께서 삼성반도체 총괄사장으로 재직하면서 삼성에서 연봉과 스톡옵션 포함하여 총 89억 원을 받았고 그전에 삼성 고위임원과 본인이 대화하면서 삼성그룹에서 진대제 박사를 어떻게 이야기하느냐고 하니 그 당시 삼성그룹 사장단에서는 진대제 박사를 국보급 박사로 호칭한다는 말을 들었고 미국 반도체에도 진대제 모델 있다고 하였고 『외발자전거는 넘어지지 않는다』는 진대제 박사의 저서도 본인이 읽은 적 있다.

본인 집안의 또 한 분, 이 나라 경제발전에 큰 공로가 있는 진념 전 경제부총리를 이야기할 수 있다.

진념 씨가 행정고시 합격한 후 경제기획원 사무관 시절 고 박정희 대통령께서 제1차 경제개발 5개년 계획 마스터 플랜을 세울 때 그 당시 고 김학렬 부총리 겸 경제기획 장관이 계셨고 박정희 대통령의 지시를 받고 김학렬 부총리께서 진념 사무관에게 지시하여 제1차 경제개발 5개년 계획 시안 작성하게 한 후 청와대에 가서 박정희 대통령과 각 부처 장관들과 청와대 수석비서관들이 참석한 자리에서 진념 사무관이 브리핑한 후 하루 지난 다음 날 오전 박정희 대통령께서 청와대 수석비서관들과 티 타임을 하면서 진념이처럼 똑똑한 사람 처음 보았다고 박정희 대통령이 극찬하셨고 김학렬 부총리께서도 저놈이 장관 한번 할 놈이라고 하셨는데 그 후 진념 씨는 장관 각 부처 따로 다섯 번과 경제부총리까지 역임하고 전북대 석좌교수를 한다는 말을 들었고 본인이 진념 씨를 열 번 만난 적 있고 부인인 성신여대 서인정 교수도 압구정 자택에서 만나고 인사한 적 있다. 이권청탁은 일체 없었고 같은 종친이기에 만난 것뿐이다.

현재 중국 인구가 약 14억이라고 하는데 우리 한국의 성씨(姓氏) 중 3개 성씨만 제외하고는 모두 중국에서 전래한 성씨이고 왕조(王朝)시대에는 임금이 하사한 성씨도 많다.

예를 들어서 태조 이성계 장군이 고려의 장군으로서 여진족 정벌에서 승전한 후 여진족 추장 퉁두란을 포로로 잡아 왔는데 퉁두란은 활을 잘 쏘는 명장이다. 이성계 장군이 황산대첩에 참전하여 왜장 아기바투 소년 장수를 물리칠 때 퉁두란에게 명하여 그대가 아기바투의 투구를 화살로 명중시키라고 하였고 퉁두란이 아기바투의 투구를 화살로 명중시켰을 때 아기바투가 깜짝 놀라서 입을 쩍 벌릴 때 이성계 장군의 화살이 아기바투의 목구멍을 명중시키고 쓰러뜨려 황산대첩 승리를 거두었고 그 후 이성계가 이씨 조선 건국하여 임금이 된 후 퉁두란에게는 이지란이라는 성과 이름을 하사하고 의형제 삼게 되었고 태종 이방원도 이지란을 숙부님으로 깍듯이 모신 내용이 드라마 용의 눈물에 나오는 장면이다.

중국 14억 인구 중 대성(大姓)이 400개인데 그중 우리 진 씨(陳氏)는 다섯 번째로 수가 많은 씨족이고 중국과 대만 아시아 지역에 약 1억 명이 거주하고 중국에도 진 씨(陳氏) 세계종친회가 있고 정사(正史) 삼국지(三國志) 원저자도 진수(陳壽)라는 분이고 차기 시진핑 주석 후계자 6명 중에서 천민얼(陳敏爾) 성장(省長)이 1순위이고 천민얼 성장이 중국 자장일보 사장일 때 시진핑 주석 칼럼난을 제공하여 시진핑과 막역한 관계를 유지하고 있고 후진타오 전 주석과 현 시진핑 주석이 중국의 칭와대를 졸업하였는데 박근혜 전 대통령이 칭와대를 방문했을 때 칭와대 총장으로 재직한 진길영 씨도 시진핑 최측근으로써 지금은 중국의 수도인 베이징 시장으로 재직하고 있다.

진광표(陳光標) 사장은 중국 쓰촨성 지진 때 중장비를 동원해 156명을 구조하여 원자바오 총리한테 칭찬을 받았고 진광표 사장은 재산이 3조인데 미국에 가서 미국 거지 1,000명에게 음식 대접한 후 1인당 30만 원씩 주겠다고 하여 뉴욕타임스에도 소개된 바 있다.

3대가 부장판사를 한 고 진형하 변호사, 고 진의종 전 국무총리, 고 진종채 전 2군사령관 등이 중앙종친회장으로 재직할 때 본인은 중앙종친회 이사로 재직하면서 많은 종친을 만났다. 모두가 선한 사람들이었다.

앞에서 본인이 기록한 대로 본인의 자녀교육에 대하여 참고해 주시면 도움이 되리라 믿어 의심치 않는다. 부모나 교사, 직장의 상사나 조직단체의 리더들이 모범을 보이면 된다. 용장 밑에는 약졸이 전혀 없다.

군사독재정권을 이끌었던 두 명의 전직 대통령이 미납한 추징금을 다 합해도 1조 원이 안 되는데 언론에서 극성과 성화를 부리더니 본인이 조선일보에 팩스를 보내 고 김우중 전 대우 회장이 18조 원 추징금 미납한 것 추적하여 공정하게 보도하여 국민의 알 권리를 제공하라고 하였더니 조선일보는 꿀 먹은 벙어리 되었고 한때는 조선일보가 김우중 전 대우 회장을 두둔하는 언론 기사를 내보내다가 동아일보 사설란에 이 시점에서 고 김우중 씨가 할 말 있겠는가 하고 보도하자 그 후부터는 조선일보가 김우중 대우 회장 두둔하는 기사 멈추는 것을 보았다. 언론은 공정해야 한다.

고 김우중 전 대우 회장이 정부의 공적 자금을 받아서 언론과 정치권에 엄청난 돈을 뿌렸을 것으로 예상하고 대우사태 파헤치면 이 나라 핵폭탄 터질 것 같은 사태 벌어질 것이고 전·현직 정치인들과 언론도 잠잠하다고 생각된다.

대우 때문에 시중은행이 두 번씩 통폐합되고 은행 간부들 많이 교도소 가는 비극 저질렀고 이렇게 이 나라 대한민국을 빚더미에 쌓이게 한 대우의 뇌물 받은 관련자들이 과연 이 나라 정치지도자였을까? 심히 개탄스럽다.

역대 국회의원 가운데 가장 청렴 강직했던 고 현곡 양일동 전 민주통일당 총재의 큰며느리도 일본 강점기에 최초로 여기자로 활동했던 최은희 여기자상을 받았고 한국 여기자클럽 회장도 했는데 그분은 가장 훌륭하고 청렴한 기자로 존경받는 분이다.

고 현곡 양일동 총재는 고 김영삼 전 대통령님과 고 김대중 전 대통령님과 서울평화상문화재단 이사장을 역임한 고 이철승 전 국회부의장께서도 형님으로 모셨고 국회의장 두 번 역임하였으나 임기 중 날치기 통과하지 않았던 고 이만섭 전 국회의장님께서도 현곡 양일동 총재님을 존경한다고 했고, 고 이만섭 전 국회의장님과 본인이 롯데호텔에서 식사하기로 약속하였으나 갑자기 서거하는 바람에 식사하지 못했고, 고 이철승 서울평화상문화재단 이사장님과는 그분이 생존 시에 본인이 세종호텔에서 음식 대접하였다.

2021년 현재 삼성반도체는 연 매출 240조이고 국내 총수출의 1/5을 삼성반도체가 차지하고 있고 진념 전 경제부총리가 저술한 『베트남경제백서』는 베트남 정부 경제개발에 큰 도움이 되어 베트남의 베스트셀러가 되어 유명하다고 한다.

진념 전 경제부총리가 경제기획원 재직할 때 저술한 책이다.

본인이 12대 국회 평민당이 전라남북도 호남을 싹쓸이하고 국회의원 당선시켰을 때 유일하게 전북 군산에서 민정당으로 당선된 고건 전 의원님. 국무총리 두 번, 서울시장 두 번. 내무부장관, 교통부 장관, 전남도지사, 농림수산부장관, 청와대 정무수석과 명지대 총장 역임한 분을 12대 국회 시절 국회 의원회관에서 만나 대화 중 고건 전 의원님께서 한 말씀은 아래와 같다.

서울대 철학과 교수로 재직하시고 학술원 종신회원 하시다가 98세로 서거하신 부친 고 고형곤 박사님께서 고건 전 의원님과 형님 고석윤 변호사(사시, 행시 양과 합격)님 두 분에게 당부한 말씀은 ① 술 많이 먹지 말라 ② 뇌물 받지 말라 ③ 어느 계파에도 속하지 말라는 세 가지 당부의 말씀을 했다고 하셨다.

고건 전 의원님께서 38세에 전남도지사로 공직을 시작하면서 다산 정약용의 『목민심서(牧民心書)』를 항상 책상 위에 올려놓고 시간 날 때마다 꼭 읽고 공직 수행했다는 말씀을 듣고 많은 감동을 한 적 있다.

고건 전 의원님은 서울시장과 내무부장관 재직 때와 국무총리 재직 때도 만났고 사단법인 재경 전북도민회 임원회에서도 만나 대화를 한 적 있고 매우 존경하는 분이다. 모든 공무원의 별이라고 호칭한다.

이 나라 경제는 삼성반도체를 세계적 기업으로 발전시키는데 큰 공을 세운 진대제 박사님 같은 분을 많이 배출하면 이나라 경제발전 시킬 수 있다.

고 이만섭 전 국회의장님께서 언론에 기고한 내용 중 돈을 벌려면 사업을 하지 왜 정치인들이 뇌물 받고 교도소 가고 국민 실망하게 하는지 모르겠다고 두 번 언론에 보도된 적 있었고 고 이만섭 전 국회의장님께서는 두 번의 국회의장을 역임하였으나 의장 재직 시에 단 한 번도 날치기 통과시키지 않았고 여·야의 원내 대표들 의장실로 불러 협의하게 한 후에 국회 본회의에서 통과시켰다고 한다.

고 이만섭 전 국회의장님과 본인과 식사 예약도 하였는데 갑자기 서거하시는 바람에 식사하지 못한 아쉬움이 있다. 고 이만섭 전 국회의장님께서 저에게 제일 먼저 칭찬한 국회의원은 고 현곡(玄谷) 양일동(梁一東) 전 민주통일당 총재님 한 분뿐이었고, 두 번째는 세종문화회관 세종홀에서 강현욱 전 의원님 후원의 밤 모임에서 축사하면서 강현욱 의원은 호남의 양일동 총재 같은 분이라고 칭찬한 말을 그날 후원의 밤에 참석한 분 모두가 들었다.

고 현곡 양일동 총재님께서는 일본 강점기에 만주에서 독립운동하였고, 정부로부터 건국훈장 애국장과 국민훈장 무궁화장을 서훈받았고, 수유리 4·19 국립묘지에 안장되었고, 고 현곡 양일동 총재님은 전북 군산 출신이고 군산에서 3, 4, 5대와 서울 성동구에서 8, 10대 5선 의원으로 국회 의정활동을 했고, 민주통일당 창당하고 중앙당 운영비 100% 부담하였고, 자유당과 군사독재 시절 억압당하고 핍박받고 억울하게 감옥 생활 하는 민주인사들 면회 가서 영치금 넣어주고 석방되면 양복 해주고 많은 야당 후배정치인들 도와주신 분이다.

1980년 4월 1일 69세로 서거하였고 장충단공원에서 사회장으로 장례식 거행할 때 그 당시 신민당 총재인 고 김영삼 전 대통령님께서 장례위원장을 하였고, 고 김대중 전 대통령님께서도 장례식 참석하여 조사 낭독을 하였고, 그 당시 생존하였던 고 윤보선 전 대통령님과 고 민관식 전 국회 부회장님 등 여야의 정관계 원로들이 많이 참석하였다.

고 현곡 양일동 총재님은 한국 국회의원 시절 가장 청렴한 국회의원으로서 지역을 초월한 여·야의 모든 전·현직 의원들이 가장 존경한 분이고 현곡 선생님은 재일교포인 친동생이 정치자금을 보내주어 정치하였고 고향 군산지역 각 면 단위 초등학교마다 교실 2칸씩 건축해 주었고 지역사업 많이 한 매우 존경받는 의원이었다.

본인도 현곡 선생님 수유리 4·19 국립묘지 추모식 때마다 3단 조화 보내고 25회 이상 직접 참석하였다.

고 이만섭 전 국회의장님 부친도 독실한 크리스천이었고 본인이 읽은 유언이란 책 내용 중 고 이만섭 전 국회의장님 부친께서 임종을 앞두고 유언하면서 자신의 통장에 남은 돈은 찾아서 교회에 건축헌금으로 내라고 한 책 내용을 읽고서 본인도 매우 감동 받은 적이 있다.

고 현곡 양일동 총재님은 본인의 둘째 고모부 4촌 동생 되는 분이다. 생존 시에 여러 번 만났고 그분의 신당동 자택에서도 만났던 분이시다.

본인의 집안은 4대째 조상님과 후손들이 성인병(고혈압, 당뇨병, 심혈관 등)을 앓지 않고 건강하게 장수하고 있다. 그 이유는 본인의 조상님은 항상 성공하고 잘 되는 분들에게 축하하고 환영하고 손뼉 쳐주고 나무에 올라가는 사람에게 발뒤꿈치 받쳐주어 더 높이 올라가도록 도와주고 사신 분들이다.

증조부님께서는 고향에 양학당(養學堂)을 건립하고 고향 분들 한학교육을 하였다. 명당 묏자리 잡아주는 풍수지리학자 지관(地官)을 3년간 숙식 제공하였다고 한다. 그 지관이 증조부님 댁을 떠나면서 옥녀봉이라는 명당 묏자리를 찾아주어 그곳에 증조부님 장례를 모시고 후손들이 번성했다는 말을 전해들었다.

본인의 집안은 모친 고 최은순 권사님으로부터 신앙교육을 잘 받고 외조부로부터 5대에 이르는 기독교 신앙의 명문 집안이고 6남매 자녀 손손 모두 기독교 잘 믿고 각자의 출석하는 교회와 노회와 총회에서 최선을 다하여 봉사하고 있다.

외조부님 형님은 일제 때 평양신학교 졸업하였고 전북 김제에서 500마지기 논농사 경작하였고, 김제시에 9개 교회를 직접 건축하였고, 9개 교회 목사님들 생활비를 직접 지원하였고, 그 당시 지역의 출산가정에는 쌀과 미역을 보내어 도와드렸고 추석과 설날에는 돼지를 잡아서 마을잔치를 해주신 분이고 한국 교회사 호남 편에 나온 분이고 큰외삼촌은 25세에 전북 남원 경찰서장으로 재직하였고 모친의 4촌 오빠 되는 분은 전북 김제 경찰서장과 김제에서 제2대 국회의원 하였고 중앙대학교 설립자인 고 임영신 박사님은 모친의 사촌오빠 처제되는 분이다.

외조부님 친형 되는 고 최학삼 목사님께서는 고 이자익 목사님(김제 금산교회)이 평양 총회에 갈 때 전북노회 장로 총대 대표로 참석한 분이다.

평양 총회에 전북노회 장로 총대로 참석한 후 평양신학교를 졸업하고 목회하면서 호남선교(전북지역)에 많이 이바지한 분이다. 한국 교회사 호남 편에 나오는 분이시다.

가정은 행복한 삶의 근원이다

"공산주의 국가들이 붕괴한 원인은 그들이 가정과 교회의 중요성을 과소평가했기 때문이다."

백범 김구 선생님은 교도소 10개 짓는(건축) 것보다 교회 하나 세우는 것이 더 중요하다고 했다.

서양사람들이 가장 아름다운 영어 단어로 선정한 베스트 3은 '천국', '어머니', '가정'이다. 그런데 이 세 단어는 'Home'으로 압축된다. 어머니는 가정의 분위기를 좌우하는 존재요 가정이 행복할 때 맛볼 수 있는 것이기 때문이다.

많은 사람이 자신을 스스로 행복하지 않다고 생각한다. 사람 숫자만큼이나 원인도 제각각이지만 가장 큰 원인은 행복하지 못한 가정일 것이다.

현대인들은 집은 있으나 가정이 없는 시대를 살고 있다. 넓고 편리한 집은 있지만 따뜻한 가정이 상실된 시대를 살고 있다는 뜻이다. 행복하지 못한 가정은 행복하지 못한 인생, 행복하지 못한 사회, 행복하지 못한 국가로 연결된다는 데 문제의 심각성이 있다.

마지노선이 무너졌을 때 프랑스가 패망했듯 가정이 무너지면 인류의 행복도 무너진다. 이처럼 가정은 행복과 삶의 근원이다.

가정은 행복을 지키는 최후의 보루요 마지막 방어선이다. 노벨상 수상자 솔제니친은 "공산주의 국가들이 붕괴한 원인은 분명하고 단순하다. 그것은 그들이 가정과 교회의 중요성을 과소평가했기 때문이다"라고 말했다. 독일의 철혈수상 비스마르크는 영국인에게 "우리가 부러워할 만한 것이 있다. 그것은 가정이라는 것이다."라며 한탄한 적이 있다. 가정의 행복엔 결코 돈이 들지 않는다.

보이는 집은 돈이 있어야 지을 수 있지만 보이지 않는 집 즉 가정은 사랑만 있으면 지을 수 있다. 넓은 방값, 비싼 침대, 호화스러운 가구를 갖추었을지라도 불화하는 가정은 행복하지 않다. 비록 단칸방에서 비좁게 살지라도 온 식구가 서로를 위해준다면 그것이 행복이다. 밥 한 그릇에 찌개 하나를 놓고 밥을 먹더라도 온 식구가 대화의 꽃을 피울 수 있다면 그것이 행복이다. 대화만큼 영양이 있는 반찬이 없다. 진수성찬을 차려놓고 밥을 먹을지라도 침묵으로 일관하는 가정은 사랑의 영양

실조에 걸린다.

사랑하는 아내에게 값비싼 보석을 선물하지 못해도 소중한 줄 알고 살아간다면 그것이 행복이다. 많이 배우지 않았어도 서로의 허물을 덮어줄 만한 마음만 있으면 그것이 행복이다. 많이 배운 지식으로 가족을 정죄한다면 그 지식은 가정을 해치는 흉기일 뿐이다.

이처럼 행복한 가정은 돈이나 지식으로 만드는 것이 아니다. 서로 사랑하는 마음만 있으면 된다. 가꾸는 만큼 아름다운 정원을 만들 수 있듯이 가정의 행복 역시 가꾸는 만큼 가능하다.

가정이 행복해야 마음도 포근하다. 마음이 포근해야 매사에 의욕이 생긴다. 의욕이 있어야 하는 일이 즐겁고 잘 된다. 하는 일이 잘 돼야 삶이 행복하다. 따라서 가정 행복은 인생 행복의 지름길이다.

밖에서 승승장구 아무리 잘 나가는 사람일지라도 가정이 행복하지 않다면 그는 가정의 큰 행복을 놓치고 있는 셈이다. 가정에서 행복을 얻을 수 없다면 이 세상 어디에서도 행복을 얻을 수 없다. 그런 점에서 가정은 행복이 출발하는 곳이다.

이 세상의 그 어떤 성공도 가정에서의 실패를 보상해주지 못한다. 행복한 인생을 살고 싶은가? 그렇다면 무엇보다 먼저 행복한 가정을 가꾸기에 노력하라. 가정은 최우선으로 신경 써야 할 곳이다.

유대인들의 경전인 탈무드를 보면 천체를 연구한다고 별을 보며 뒷걸음질 치다 호수에 빠져 죽은 사람 이야기가 나온다. 먼 곳을 바라보기 전에 먼저 가까운 곳을 돌아봐야 함을 가르쳐준다.

세계평화가 중요하지만, 가정평화가 우선이다. 인류 행복이 중요하지만, 가정평화가 먼저이다. 집 가까이에서 좋은 일을 하는 것이 멀리 가서 향을 태우는 것보다 좋다는 중국 속담을 기억하라. 인내와 배려, 가정평화 가정 행복의 지름길이다.

유산을 상속하면 안 되는 이유

부(富)에는 온갖 인연이 얽히고 설켜 재앙 따라와

변승엽은 조선시대 장안 최고의 부자였다. 그는 노년에 이렇게 말했다.

나는 평생 지위가 높은 공경들을 많이 섬겨 보았다. 그런데 나라의 권력을 한 손에 틀어쥐고서 집안 살림이나 챙기는 위인 치고 그 부귀영화가 3대로 이어지는 경우를 보지 못했다. 하여 이 재산을 흩어버리지 않는다면 후손들에게 재앙이 닥치고 말 것이다(허생전).

제갈공명은 초야에서 책을 읽다가 유비를 만나 세상으로 나왔다. 이후 얻지 못할 것이 없고 이루지 못할 것이 없는 지위에 올랐건만 죽을 때까지 부를 축적하지 않았다. 노년에 황제에게 "성도에 뽕나무 800그루와 척박한 농지 15경이 있어 자손들이 먹고 입을 여유가 있습니다. 신이 죽는 날에 곳간에 남는 곡식이 없고 창고에 남은 재물이 없도록 해서 폐하를 저버리지 않도록 하겠습니다."라고 말했다. 그가 죽었을 때 과연 그의 말과 같았다(소학).

두 개의 일화가 전해주는 메시지는 간단하다.

부는 축적의 대상이 아니라는 것, 부로 권세를 휘두르면 반드시 재앙이 함께 따라온다는 것. 이는 도덕의 문제가 아니라 이치에 관한 것이다. 즉 부에는 인간만사의 온갖 인연이 얽히고 설켜있다. 거기에 탐착한다는 건 실로 위태로울뿐더러 참 '후진' 인생이다. 그러니 이를 자손에게 물려준다는 건 더욱 위험하다.

변승업은 그 이치를 알았기에 재산을 흩어버렸고, 제갈공명은 아예 재물을 축적하지 않았다.

사람은 누구나 삶의 주인공이 되고 싶어 한다. 오늘날 만인이 추구하는 민주주의의 요체도 바로 그것 아닌가? 그렇게 되기 위한 가장 첫 번째 조건은 경제적 자립이다. 자립이란 자신의 힘으로 생활을 책임지는 것을 의미한다. 부모가 자식을 키우는 원칙도 여기에 입각해야 한다. 생존의 기초를 해결해주고 자립에 필요한 배움을 익히게 해주는 것, 부모의 역할은 딱 여기까지다.

만약 부모가 그 이상 개입하면 자식의 삶은 예속되고 무능해진다. 형제 우애가 망가지는 건 물론이고 부모와의 관계도

엉망이 된다. 이건 동서고금의 역사가 수도 없이 확인하고 또 확인한 공식이다. 오죽하면 일본에선 '유산 과다 위산과다'라는 유행어가 만들어졌겠는가. 세상이 너무 험악해서 불안하다고? 그렇다면 내 자식 말고 남의 자식을 곧 이웃의 청년들에게 밥과 공부를 제공하라. 소위 말하는 공덕을 쌓아라. 그러면 내 자식도 거리에서 또 다른 누군가의 도움을 받지 않겠는가. 이것이 부의 사회적 순환이다. 이 말을 할 때 다들 법과 제도, 기타 시스템을 떠올리겠지만 법과 제도를 통한 순환에는 한계가 있다.

일단 거금이 아니면 그런 루트를 활용할 엄두를 내지 못한다. 막상 돈을 모아 거액의 기부를 하게 되면 대개 그걸 유지하느라 기진맥진하게 된다. 말하자면 주는 이도 받는 이도 행복하지 않은 이중적 소외가 발생하는 것이다. 따라서 액수에 상관없이 각자 나름대로 순환의 지혜를 창안하는 게 중요하다. 부귀는 유한하지만, 지혜는 무궁하다. 전자는 모욕감을 안겨주지만, 후자는 자존감을 준다. 고로 지혜보다 위대한 유산은 없다. 변승업이 그랬고, 또 제갈공명이 그랬던 것처럼.

돈과 인간과 자본주의

돈이란 무엇인가? 종이에 보잘것없는 그림이 그려진 특별한 종이가 아닌가? 그런데 그 종이쪽이 참 상상할 수 없는 힘을 발휘하는 괴물이다. 이 세상 사람들은 그 누구나 그 괴물을 갖고 싶어 안달이고 몸달아 하고 있다.

자본주의란 한마디로 그 괴물을 제왕으로 모시는 주의이다. 그러므로 그 괴물을 가장 많이 가진 자는 곧 이사회의 제왕이 되는 것이다. 한마디로 돈은 자본주의가 만들어낸 신이다.

돈은 인간사의 그 무엇이든 해결하지 못하는 게 없는 그야말로 전지전능하고 직접 만져 확인할 수 있는 살아있는 신이다. 그러나 돈에 대한 그 무조건적인 추종이나 굴종은 꼭 '자본주의' 때문에 생긴 것은 아니다. 이미 2000여 년 전부터도 인간은 돈 앞에서 '노예'였다.

중국의 사마천은 『사기(史記)』에서 돈에 대해서 이렇게 적었다.

자기보다 열 배 부자면 헐뜯고, 자기보다 백 배 부자면 두려워하고, 자기보다 천 배 부자면 고용 당하고, 자기보다 만 배 부자면 노예가 된다. 돈이면 안 되는 것이 없고 그래서 돈을 좇아 허둥지둥 헐레벌떡 정신없이 내달아가고 그러다 보니 노예 신세가 되는 것은 너무나 당연한 귀결이다.

이런 유명한 말이 있다. 노예에게 있어서 가장 큰 비극은 자기 자신이 노예라는 사실을 모르는 데 있다. 노예가 스스로 노예인 것을 깨닫지 못하면 영원히 노예 상태에서 벗어날 수 없다. 노예가 노예인 것을 자각(自覺)할 때 거기서 벗어나고자 하는 의식이 생기고 그 의식이 의지로 자라나고 그 의지가 저항의식을 잉태시키고 그 저항의식이 집단화로 뭉치게 되면 마침내 투쟁을 전개하여 노예 상태에서 탈출해 자유를 획득하게 되는 것이다. 우리가 돈의 노예 상태에서 벗어나는 것도 그 과정과 전혀 다르지 않다.

우선 우리가 어느 정도로 돈의 노예 상태에 빠져 있는지부터 알아야 한다. 그 병을 진단해주는 의사가 바로 인문학책이다. 그 사실을 실감 나게 해주는 사람이 있다. 바로 빌 게이츠다.

그는 세계에서 제일가는 부자이다. 그런데 그는 그 부를 혼자 갖지 않고 미국인만이 아니라 세계인의 건강을 위한 재단을 만들어 어마어마한 돈을 사회에 환원했다. 그는 참다운 부자는 어떠해야 하는지를 모범적으로 보여준 것이다. 수많은 사람은 그런 그의 통 큰 행위가 어떻게 가능한지를 궁금해했다.

빌 게이츠는 하버드대학 휴학한 후 마이크로소프트사 창업하여 성공하였고, 하버드대학에서 명예 졸업장 받고 소감을 말할 때 의의 말했다. 그의 대답은 이랬다. "꾸준한 독서는 하버드대학 졸업장보다 낫다. 이 말은 여러 가지 책을 꾸준히 읽어서 그런 생각을 하게 되고 실천한 것이다."라는 뜻인 것이다.

＊빌 게이츠는 휴가 때 책을 많이 읽었다. 그런데 빌 게이츠는 막대한 재산만 만인을 위해 내놓은 것이 아니라 사회봉사도 많이 했다.

『사람이 책을 만들고 책이 사람을 만든다』(교보문고 제공)

독서와 필기는 완성된 사람을 만든다. 인내하는 자는 정복당하지 않는다. 자신을 극복한 사람은 남의 말을 하지 않는다. 친형제지간에도 다른 한 형제가 돋보이려 하면 어떻게 하든 모함하고 시기질투하는 인간들이 존재하니 한심하기 그지없다. 정말 개탄스럽다. 꾸준히 공부하고, 노력하고, 꾸준히 독서

하여 항상 존경받고 앞서가는 사람이 되어야 한다.

故 김대중 전 대통령님도 목포상고 졸업하셨으나 꾸준히 쉼 없이 독서를 계속하셨고 대통령 재직하실 때 미국 방문하시고 미국의 상·하원의원이 모인 의사당에 가서서 연설하실 때 통역 없이 연설하셨다. 유창하게 영어 하시지 못했으나 상·하원 의원들이 알아듣게 하셨다고 한다.

故 노무현 전 대통령님도 부산상고 졸업하고도 대통령 되었으나 그분의 죽음은 모든 국민들 마음을 아프게 했다.

전 한국일보를 창립하신 故 장기영 씨도 경제부총리까지 역임하셨고 그분이 남기신 말씀 가운데 대학이 인생의 전부는 아니라고 하셨다. 고등학교 졸업하셨다.

우리나라의 교육제도는 어떠한가?

중학교 3년, 고등학교 3년, 대학교 4년과 대학원까지 6년 대학생 활동하고 총 12년 영어 공부하여도 외국인 만나면 언어가 통하지 않으니 한심한 교육이다.

공교육 활성화하고 교육의 질을 높여야 한다. 미국의 하버드대학이 명문대학 된 것은 하버드는 미국의 변두리에 캠퍼스가 있으나 졸업한 동문들이 많은 장학금 기부하여 훌륭한 교수진으로 구성되어 있기에 훌륭한 인재 배출하고 있다.

20세기 아시아의 지도자를 꼽으라면 중국의 덩샤오핑, 대

만의 장제스, 싱가포르의 리콴유 총리다. 이 중에서 미국의 전 헨리 키신저 국무장관이 가장 배울 것이 많다고 격찬한 사람이 싱가포르의 리콴유(1923~2015년 서거함) 총리다.

헨리 키신저 전 미국무장관은 그를 가리켜 더 비교할 것이 없을 정도로 지능과 판단력을 갖춘 사람이라 하면서 지도자 겸 사상가라고 표현했다. 현재 싱가포르 인구 550만인데 故 리콴유 총리는 재직 때 미국 대통령보다 연봉을 많이 받았고 현재 싱가포르 총리도 그분 아들이다.

2021년 9월 30일 임기를 마친 독일의 메르켈 총리도 독일 역사상 슈미트 전 총리 이후 여성으로서 총리 네 번 연임 16년간 재직하고 퇴임했으나 독일을 선진국으로 더 많이 발전시켰기에 독일은 물론 세계의 모든 지도자와 국민도 메르켈 총리를 존경하는데 메르켈 총리는 동독의 개척교회 목사님 여식이고 집이 가난하여 식용 풀도 채취하여 먹고 살았다고 한다. 한국의 역대 대통령들 5년 임기도 제대로 국정 수행 못 하고 국민 비판만 받으니 마음이 매우 무겁다.

하버드대학교의 한 연구소에서 인간의 뇌를 연구한 결과 하나님께서 창조하신 인간의 뇌는 키아즘(Chiam, 대칭, 병행, 순환)적 구조로 되어있다고 밝혔다. 더욱 놀라운 것은 성경도 키아즘

적 방법으로 기록되어 있어 성경을 읽고 암송하면 두뇌가 좋아진다고 한다.

오늘날 유대인들이 모든 분야에서 세계적으로 우수한 것은 바로 이 때문이다. 인간의 뇌와 성경이 만날 때 놀라운 일이 일어나는 것이다.

사랑하는 여러분 하나님의 말씀으로 기도로 무장하기를 바란다. 오늘 우리 대한민국의 크리스천들이 성령 충만함으로 나갈 때 우리 마음과 삶이 거룩하고 영광스럽게 회복되어 나라와 민족을 살리고 통일시대에 대한민국을 이끌어가는 지도자가 될 줄로 믿는다. 성령 충만한 참 크리스천이 되어 새로운 시대 새로운 역사를 창조하시기 바란다.

하버드대학 교훈(요한복음 14:6)

옥스퍼드대학 교훈(시편 27:1)

도둑이 다 빼앗아가도 인간의 머릿속의 지식은 빼앗아가지 못한다.

人生大學經險學科在學中('모든 인간에게 졸업은 없고 모든 사람이 인생살이 하면서 평생 배우고 학습해야 한다'라는 뜻이고 등소평이 생존 시에 백악관 출입 기자들에게 한 말이다.)

＊ '배울 학'자가 세 번 들어간다.

원로(元老)는 누구인가?

원로는 나이 듦과 관계가 있다.

원로(Senator)의 어원은 나이 든(Senex)이라는 라틴어에서 유래되었다고 하고 사전적 의미로도 한 가지 일에 오래 종사하여 많은 경험과 공로가 많은 사람이기 때문이다. 그러나 나이 듦은 하나의 요건이지 원로를 포괄하는 개념은 분명 아니다.

원로란 연령, 사회적 경륜, 학식, 전문성, 직업 등을 감안해서 이미 사회적으로 일정한 영향력을 지니는 사람들을 가리킨다고 한다. 요약하면 전문성 풍부한 경험 그리고 도덕성을 갖춘 분들을 말하는데 여기에 탁월한 업적을 빼놓을 수 없다.

많은 사람이 우리 사회에는 진정한 원로가 없다고 말한다. 그러나 찾아보면 각 분야에서 존경받는 원로가 많이 있다. 다만 이런 원로들은 대중 앞에 잘 나타나지 않기 때문에 널리 알려지지 않을 뿐이다.

우리 사회에 나이가 들고 경험이 풍부하고 유능한 분들은 많으나 많은 경우 존경받을 만한 인품과 도덕성 그리고 일관성이 결여되어 있다. 그래서 그분들의 말에 지지도 있으나 냉소나 무관심이 뒤따라와서 사회의 울림이 크지 않다. 오히려 전문성이나 업적은 결여할 수 있으나 그분들의 삶에서 주위에 모범을 보이고 교훈을 줄 수 있다면 원로로서 충분한 자격과 영향력이 있을 것이다. 많은 사람이 원로라는 말을 오염시키고 있음을 심각히 반성해야 할 것이다.

아시아의 실리콘밸리 싱가포르

다양한 문화와 인종… 엄격한 법 처벌로 유명해요!

말레이반도에 위치한 싱가포르는 면적 713㎢이고 서울 605㎢의 1.2배에 불과할 정도이고 인구 약 550만 명이고 아주 작은 나라인데 그러나 1인당 GDP는 세계 8위(5만 7,713달러)로 경제 수준이 매우 높다.

싱가포르 경제발달의 핵심은 중계무역인데 중계무역은 직접 물건을 만들어서 외국에 내다 파는 것이 아니라 외국에서 수출품을 수입한 뒤 다시 인근 나라에 다시 수출하면서 이득을 얻는 방식이다. 이는 싱가포르가 동양과 서양을 연결하고 아시아와 오세아니아 지역을 잇는 지리적 중심지에 위치해 있기 때문이다.

싱가포르(고대 인도어로 사자의 도시라고 함)는 엄격한 법과 처벌제도로 유명한 나라이다. 그래서 벌금의 도시라고 불린다. 무단횡단하다 적발되면 80만 원(약 1,000 싱가포르 달러) 벌금에 3개월

징역살이도 할 수 있다. 껌은 씹을 수도 없고 갖고 다닐 수도 없는데 적발되면 80만 원의 벌금을 내야 한다.

공공장소에 쓰레기를 버리면 24만 원을 내야 하고 세 번째 걸리면 "나는 쓰레기를 버리는 몹쓸 사람입니다"라는 문구가 적힌 옷을 입고 쓰레기 청소를 하러 다녀야 한다.

싱가포르가 이처럼 함께 사용하는 공간을 더럽히거나 다른 사람에게 피해를 주는 행위를 강력하게 금지하는 이유는 다양한 민족 구성 때문이라고 한다.

다민족 다인종 국가이다 보니 공통된 법 인식이나 공동체 의식이 부족해 다소 지나치더라도 사회질서와 청결 치안을 유지하기 위한 방법으로 이 같은 강력한 제도들을 도입하게 되었다는 것이다.

실제 싱가포르는 다양한 문화가 공존하는 나라이다. 역사적으로 중국, 포르투갈, 네덜란드, 영국, 일본 등 많은 나라의 영향 아래 놓였다. 1965년 말레이시아에서 분리 독립했는데 중국계가 다수를 차지하고 말레이계, 인도계, 유럽인, 현지인 간 혼혈도 많다.

종교 역시 기독교(18%), 불교(33%), 도교(10%), 이슬람교(14%), 힌두교(5%) 등 다양하다. 그래서 싱가포르 정부는 헌법에 인종 간 평등주의를 명시하고 영어와 각 민족의 언어를 모두 공용

어로 지정했다.

　행정각료를 임명할 때나 공영아파트 분양에도 민족별 구성 비율을 반영하는 등 화합을 추구하고 있다. 공무원이 청렴한 나라이다.

유명인의 신앙

강태공 이야기 - 좌시아형(佐時阿衡)

시절이 어지럽고 힘들 때면 그 시절을 지혜롭게 헤쳐간 인물들이 생각나는데 대표적인 인물이 강태공이다.

천자문에 반계와 이윤(伊尹)은 때를 도운 사부였다는 구절이 있다. 이윤은 많은 이들이 역사적 인물로 많이 이야기하지만, 강태공은 그 생애가 신비로운 인물이다. 조선전기 무과의 과거시험 과목이었던 무경칠서(武經七書)의 하나인 육도의 원저자는 강태공이라고 한다.

역대 신선들의 기록인 열선전에 의하면 강태공의 본명은 여상(呂尙)으로 익주인(翼州人)이라고 되어있다. 나면서부터 지혜가 있어 존망을 예견했다고 한다.

은나라 말 어지러운 시기를 당해 요동에 40년간 피해있다가 그 후 서주(西周)로 가서 남산 아래 시내에서 낚시를 했는데 그 시내 이름이 반계라서 강태공을 그렇게 부르기도 한다. 3년이 지나고 물고기를 한 마리도 잡지 못하자 주위에서 그만두라고 하니 "네가 알 수 있는 게 아니다"라고 하고는 결국 물고기 뱃속에서 군사 비기인 병검(兵鈐)을 얻었다고 한다. 그 후 문왕이 꿈을 꾸고 강태공을 수레로 모시고 와서 무왕이 은나라를 멸할 때 병서 100편을 지었다고 한다.

택지(澤芝)와 자수를 복용하며 수가 200세 이르렀는데 나중에 장사지내려고 보니 시체는 없고 옥검(玉鈐) 6편만이 있었다고 한다.

지도자들이 자신을 낮추는 덴마크 문화 부러워

2014년 11월 덴마크 여왕이 오래전 그녀의 할머니가 재정을 지원해서 세운 교회의 150주년 기념 예배에 참석한 적이 있다. 여왕이 온다고 해서 요란할 것으로 기대했는데 그림자처럼 왔다가 축사 한마디 없이 예배가 끝나자 고요히 사라졌다. 총리나 장관의 행차도 조용하다.

덴마크 사람들과 얘기하다 보면 현직 총리와 사우나를 같이 했다든가 헬스장에서 러닝을 같이 했다는 소리를 듣곤 한다. 국회의장은 외부행사가 없는 날이면 매일 자전거를 타고 출근

한다고 한다.

방문객을 맞는 지도자들의 모습도 인상적이다. 그들은 거의 예외 없이 비서를 시키지 않고 본인이 직접 커피를 따라주었다. 직장의 관리자들은 크든 작든 어떤 의사결정을 할 때는 철저히 직원들의 의견을 수렴하고 정기적으로 조직의 중요한 정보들을 공개한다.

상사가 부하 직원에게 소리를 지르지 않는 것은 물론 욕설과 폭행은 상상할 수조차 없다. 리더들이 자신을 낮추고 타인을 소중하게 대하니까 사회 전반에 이러한 모습이 자연스럽게 스며 있다. 이 나라가 행복한 근원적인 이유가 아닐까 생각한다.

우리 사회는 어떨까? 우선 각자의 마음에 타인을 위한 공간이 너무 없다. 사회 전반적으로 마찰 계수가 너무 없다. 사회 전반적으로 마찰 계수가 높을 수밖에 없는 구조다. 이러한 구조는 우리 사회의 최상위 지도층에서 비롯된 것이다. 여·야 정파 간 다툼이 심한 국회가 대표적이다.

덴마크 의회는 오래전부터 7~8개 정파가 경합하고 있지만 지난 30년 동안 단 한 번도 파국이나 파행을 한 적이 없다. 현 국회의장의 이야기다.

더욱 놀라운 것은 의원 간에 본회의장에서 소리 지르고 손

가락질한 예도 지난 30년 동안 단 한 번도 없었다는 것이다. 상대를 인정하고 존중하는 문화의 결과다. 우리에게는 이것이 없다. 상대의 약점을 찾아 무너뜨리는 데만 관심이 있지 함께 힘을 모아 문제를 해결하려고 하지 않는다. 지도층의 이러한 사고와 형태는 민초들의 삶에 그대로 투영되어 있다.

우리 정치지도자들은 틈만 나면 해외를 순방하는데 그들에게 바란다. 바깥세상에 나가서 좋은 풍경만 보지 말고 행복하게 사는 나라들의 지도자 태도와 민초들의 삶을 자세히 살펴보고 우리의 모습을 되돌아봤으면 하는 마음이다. 지금의 우리 모습이 과연 바람직하고 지속 가능하고 건강한 것인지 말이다.

우리나라는 교육개혁을 하여야 국가의 미래가 있다. 인성교육, 뿌리 교육, 역사교육, 효와 예절 교육과 창의 교육하여 21세기의 국가 주역을 양성하여야 한다.(한자 교육) 문해력(文解力 : 문자 해석 능력)을 키워야 한다.

빅토리아 여왕

영국의 빅토리아 여왕은 18세에 왕이 되었다는 소식을 들고 교회 가서 즉시 성경을 펴놓고 하나님께 기도하였다.

"주여 제가 하나님의 말씀대로 정치를 하게 해주십시오."

그녀는 1837년부터 1901년까지 64년 동안 해가 지지 않는 나라 대영제국을 다스릴 수 있었다. 여성도 믿음의 대장부가 되면 남자 이상으로 큰일을 할 수 있다.(48국 식민지 통치함) 해가 지지 않는 나라 통치함.

미우라 아야코

미우라 아야코는 24세부터 13년 동안 침대에서 한순간도 벗어나지 못했다. 직장암, 파킨슨병, 척추카리에스 등 종합병원이었다. 그녀는 식물인간처럼 폐인이었으나 예수님을 믿고 죄 사함을 받아 새사람이 되었다.

42세에 인간의 죄와 하나님의 사랑에 대하여 쓴 작품 『빙점』으로 세계 최고의 작가가 되었다. 그녀는 "제가 질병으로 잃은 것은 건강뿐이었습니다. 그 대신 저는 신앙과 생명을 얻었습니다."라고 했다. 믿음을 얻으면 다 얻은 것이다. 믿음을 가진 자는 가장 강한 자요 힘 있는 자이다.

헬렌 켈러

헬렌 켈러는 듣지 못하고 말하지 못하고 보지도 못하는 삼 중고를 가지고도 하버드대학을 졸업하고 20세기 기적의 인물이 되었다.

루스벨트 대통령

루스벨트 대통령은 소아마비와 천식으로 힘이 없어 촛불 하나도 끌 수가 없었다. 그의 부모는 "네가 전능하신 하나님을 신뢰한다면 오히려 너의 장애 때문에 모든 사람이 너를 주목할 것이고 너는 역사에 신화 같은 기적을 남기는 삶을 살 것이다."라고 말했다. 믿음을 심어준 그의 부모는 훌륭한 부모요 그는 그 부모의 믿음대로 되었다.

그는 세 번째 대통령 취임사에서 "우리는 안전과 기회와 지식을 보다 크게 세워야 한다는 것을 압니다. 그러나 이 나라의 육체를 먹이고 입히는 것으로는 이 나라의 정신을 교육하고 지도하는 것으로는 충분하지 않습니다. 왜냐하면, 우리에게는 영혼이 있기 때문입니다. 이 셋 중에서 가장 위대한 것은 영혼입니다. 모든 사람이 알다시피 육체와 정신이 없으면 국가는 존재할 수 없습니다. 그러나 미국의 영혼이 죽는다면 우리가 알고 있는 미국은 사라질 것입니다."라고 했다.

교육, 지식, 안전, 자원, 경제가 다 귀합니다. 그러나 영적으로 하나님을 떠나면 이 모든 것은 죽는 것이다.

소련은 미국보다 과학, 핵무기, 군사자원 등이 앞섰으나 하나님을 멀리하면서 다 무너지고 망하고 말았다. 하나님과 동행하면서 승리하십시오.

당신의 '짐이' 당신의 축복

미국의 시어도어 루스벨트 대통령은 시력이 나빠 항상 두 개의 안경을 주머니에 넣고 다녔다. 그는 무거운 안경을 속주머니에 넣고 다니는 것을 매우 귀찮게 여겼다. 그런데 1912년 루스벨트가 밀워키에서 정치연설을 하고 있을 때 쉬렌크라는 청년이 총을 발사했고 가슴에 정확하게 명중했다. 하지만 루스벨트는 약간의 상처만 입었다. 그는 정신을 수습한 후 연설을 계속할 수 있었다. 괴한이 쏜 총알은 루스벨트의 양복 안주머니에 있던 강철 안경집을 맞고 방향이 굴절됐던 것이다. 평

소 귀찮게 여기던 안경이 그의 목숨을 구한 것이다. 사람들은 자신이 짊어지고 있는 짐으로 인해 인생이 불행하다고만 생각한다.

영국의 작가 조앤 K 롤링은 자녀들에게 우유를 사 먹일 수조차 없을 정도로 가난하여 우윳값을 벌기 위해 그녀는 글을 썼고 그 글은 세계적인 베스트셀러 『해리포터』가 됐다. 만일 이 작가가 부유하고 안정적인 가정의 안주인이었다면 그녀는 평생 한 줄의 글도 남기지 못했을 수도 있다.

여러분 우리에게 있는 짐이 하나님을 만나는 계기가 됐고 하나님의 도우심을 구하며 살아가는 계기가 됐다면 그 짐은 저주가 아니라 우리를 살리는 축복이었음을 잊지 마십시오.

월남전에서 실제 있었던 일인데 월남에 파병된 우리 한국군 장병 중 독실한 크리스천이 있었는데 그 병사는 항상 군복 상의 왼쪽 주머니에 빨간 포켓용 성경을 넣고 전투에 임했고 한 전투에서 그 병사는 베트콩이 쏜 총탄을 왼쪽 가슴에 맞았으나 왼쪽 가슴에 넣고 다닌 포켓용 성경이 그를 살렸다고 합니다.

세상을 바꾼 리더 마리아 칼라스

마리아 칼라스(1923~1977)는 오페라의 역사를 바꾼 성악가이다. 그녀 이전의 오페라 가수들이 단지 노래를 부를 뿐이었다면 칼라스에 이르러 드디어 극 전체를 이해하고 역할을 연기하기 시작했다.

마리아 칼라스는 그리스에서 미국 맨해튼에 이민 온 이민자 가정에서 태어났다. 그녀는 태어나면서부터 미운 오리 새끼였다. 아들이 태어나길 바라던 집안에서 딸로 태어난 데다가 뚱뚱하고 못생겨 어머니의 관심을 받지 못했다. 그런 칼라스가 어머니의 사랑을 받을 수 있는 유일한 방법은 노래밖에 없었다. 원래 가수를 꿈꿨지만, 결혼 후 그 꿈을 포기해야 했던 칼라스의 어머니는 자신이 못다 이룬 성악가의 꿈을 딸이 대신해 주리라 기대했다.

대공황 이후 미국의 경제 사정이 나빠지자 어머니는 칼라스를 고향인 그리스로 데려가 음악교육을 했다. 하지만 칼라스는 극성스러운 어머니 때문에 억지로 노래를 부르는 것이 힘들었다. 그런데 어느 날 어머니의 관심을 받기 위해 부르는 노래에는 한계가 있다는 것을 깨닫게 된다.

칼라스는 자신의 노래를 들어주는 사람들을 위해서 그리고 자신을 위해 노래 부르기로 결심한다.

아테네 국립음악원생이 된 칼라스는 유명한 성악가 엘비라 데이달고를 만나게 된다. 데이달고는 칼라스의 노래를 듣고 감동해 정식 제자로 받아들인다. 그리고 성악기술뿐 아니라 칼라스의 마음속 상처와 열등감을 다독여주며 자신감을 불어넣어 줬다. 특히 데이달고는 칼라스에게 벨칸토 창법을 알려 줬다.

데이달고에게 배우며 일취월장한 칼라스는 오페라 카발레리아 루스티카나에서 농촌 산투차 역할을 하게 된다. 무대는 대성공이었다. 노래밖에 몰랐던 한 소녀가 관객의 뜨거운 환호 속에서 드디어 세상을 향해 새로운 날갯짓을 한 것이다. 칼라스는 어떤 공연이든 배역에 대해 충분히 공부한 뒤 무대에 섰다.

푸치니의 오페라 토스카를 공연할 때는 독일어와 이탈리아어까지 공부했다. 하지만 그렇게 원어로 노래를 부른 일이 그녀의 발목을 잡았다. 당시는 제2차 세계 대전 중이었는데 그리스의 적군이었던 이탈리아와 독일의 언어로 노래를 불렀던 것 때문에 반역자로 몰리게 된 것이다. 그녀는 도망치듯 미국 뉴욕으로 향한다.

뉴욕에서 칼라스는 오디션에서 떨어지고 거절당하기를 수

없이 반복했다. 그러다 2년 만에 기회가 왔다. 폰키엘리의 오페라 '라 조콘다'의 여주인공 역을 맡게 되었다.

사람들은 칼라스가 보여주는 노래와 연기의 깊이에 놀랐다. 이에 열광한 관객 덕에 칼라스에게는 공연 제안이 물밀 듯이 들어왔다. 인기가 높아질수록 칼라스는 더 완벽한 무대를 꿈꿨다. 하루 12시간씩 노래연습을 했을 뿐 아니라 연기지도까지 받았다. 게다가 그녀는 가냘프고 연약한 느낌의 캐릭터인 나비부인에 도전하기 위해 2년에 걸쳐 30㎏을 감량했다. 그리고 최고의 프리마돈나가 되었다. 하지만 그녀가 유명해진 만큼 사람들의 관심은 커졌고 사소한 행동 하나에도 관심을 두는 대중 때문에 칼라스는 점점 지쳐갔다. 결국, 그녀는 40대 초반에 은퇴한다.

그녀는 이렇게 말했다. "타고난 천재는 없어요. 제가 성악가로서 성공했다면 그것은 오직 연습과 끈기로 이룬 것일 뿐이죠."

＊ 1분 상식

벨칸토란 무엇인가?

벨칸토(bel canto)란 이탈리아어로 '아름다운 노래'라는 뜻이다. 하지만 아름답게만 노래하는 것을 넘어 성악가가 발휘할 수 있는 기술을 총동원해 화려하게 노래하는 것을 말한다.

마리아 칼라스는 벨칸토란 목소리를 악기처럼 최대한 활용하고 제어하는 기법이라고 말했다.

우리나라를 대표하는 소프라노 조수미 씨도 이 시대 최고 벨칸토 소프라노로 인정받고 있다. 스승이 조수미 씨에게 100년에 한 번 나올까 말까 한 하늘이 내려준 신의 목소리라 평가했다.

(2015. 3. 26. 조선일보 기사)

영화 '로마의 휴일' 오드리 헵번 이야기

유섭 카쉬라는 사람이 있었다. 인물사진으로 명성을 날렸고 지금도 이 사람 작품들은 명작으로 남아 있다. 이 사람은 사진을 잘 찍는 특별한 기술이 없었다. 기술 자체는 다른 사진작가와 다를 바 없었다. 오직 한 가지 이 사람은 남의 내면을 보는 눈이 있었다. 자기 자신이 인생의 온갖 쓴맛과 단맛을 봤고 생각도 깊어서 인간을 이해하는 눈빛이 생긴 것이다.

1956년 할리우드 스튜디오 그는 한 아름다운 여배우를 안

내했다. 그리고 그는 봤다. 저 여배우에게 평생 씻을 수 없는 슬픔이 있다는 것을. 그는 상대를 편안하게 만드는 목소리로 천천히 말했다.

"당신 내면에 상처받기 쉬운 연약함이 보이는군요."

그 여배우는 자신이 소녀 시절을 제2차 세계 대전과 같이 보냈다고 말했다. 그리고 발레리나를 꿈꿨던 감수성 예민한 나이에 직접 본 수많은 시체와 배고픔, 건물이 모두 쓰러져 오랫동안 자야 했던 기억과 끔찍한 경험들을 담담하게 고백했다.

카쉬는 이렇게 저 인물의 특징을 알아냈고 아름다움과 슬픔을 동시에 간직하고 있는 여인의 모습을 찍었다. 카쉬의 대표작 중 한 장은 이렇게 탄생했다.

그 여배우 이름은 오드리 헵번(1929~1993). 전 세계인이 사랑하는 불멸의 여배우, 박애를 실천하는 아름다운 인생이 무엇인지 보여준 할머니 천사 헵번은 아일랜드계 영국인 아버지와 네덜란드 귀족 출신 어머니를 두고 벨기에에서 태어났다. 국적은 영국이지만 네덜란드에서 많은 시간을 보냈다. 그가 겪은 제2차 세계 대전의 상처도 모두 네덜란드에서 겪은 것이다.

전쟁이 끝난 뒤 돈을 벌기 위해 모델 아르바이트를 했고 그 인연으로 영국에서 연기도 했다. 그리고 할리우드에서 명감독

윌리엄 와일러의 카메라 테스트에 합격했다. 그리하여 그레고리 펙과 같이 출연한 영화가 1953년 작품 '로마의 휴일'이다.

어쩌면 저렇게 매력적인 공주가 있을까? 신장 173.7㎝, 몸무게 49㎏, 허리둘레 20㎝, 1950년대와 1960년대 오드리 헵번은 만인의 연인이었다. 헵번은 다른 일반적인 여배우와 달리 여자들도 좋아했다. 선한 눈빛이 관객의 시선을 사로잡았기 때문이다. 뿐만 아니라 옷을 잘 입었고 날씬한 몸매를 죽을 때까지 유지했다. 이제 헵번은 젊지 않았다. 얼굴에 주름살이 많아졌고 옛날 같은 깜찍한 매력이 모두 사라졌다. 그런데도 헵번은 만인의 연인이었다. 헵번이라는 할머니는 너무나 아름다웠다. 말년을 유니세프 친선 대사로 봉사하며 살았기 때문이다. 헵번이 아프리카에서 많은 시간을 보낸 까닭은 다음과 같다.

"절망의 늪에서 나를 구해준 것은 많은 사람의 사랑이었습니다. 이제 내가 그들을 사랑할 차례입니다."

오드리 헵번은 1993년 1월 20일 스위스에서 대장암으로 사망했다. 헵번은 아들(숀 헵번 페럴) 하나가 있었다.

헵번이 평생 날씬한 몸매를 유지한 비결이 무엇이었을까? 그녀는 1992년 크리스마스 때 숀 페럴에게 자신이 좋아하는 샘 레벤슨의 시를 읽어주었다. 이것이 오드리 헵번의 유언이 되었고 헵번이 평생 날씬한 몸매를 유지한 비결도 이 안에 있었다.

아름다움의 비결

아름다운 입술을 갖고 싶으면
친절한 말을 하라.
사랑스런 눈을 갖고 싶으면
사람들에게서 좋은 점을 보아라.
날씬한 몸매를 갖고 싶으면
너의 음식을 배고픈 사람과 나눠라.
아름다운 머리카락을 갖고 싶으면
하루 한 번 어린이가 너의 머리를 쓰다듬게 하라.
아름다운 자세를 갖고 싶으면
결코 네 자신이 혼자 걷고 있지 않음을 명심하며 걸어라.

사람들은 상처로부터 복구되어야 하며
낡은 것으로부터 새로워져야 하고
병으로부터 회복되어야 하며
무지함으로부터 교화되어야 하며

고통으로부터 구원받고 또 구원받아야 한다.

결국 누구도 버려서는 안된다.

기억하라. 만약 네가 도움을 주는 손이 필요하다면

네 팔 끝에 있는 손을 이용하면 된다.

내가 더 나이가 들면 손이 두 개라는 것을 발견하게 될 것이다.

한 손은 네 자신을 돕는 손이고

다른 한 손은 다른 사람을 돕는 손이다.

한 세기 주름잡은 마릴린 먼로 케네디 대통령과 성관계 있었다.

마릴린 먼로는 여배우로 성공한 후 쾌락에 빠져 마약중독으로 사망.

마릴린 먼로 처음 직업은?

지하 무기공장의 페인트공이었다.

잡지사 표지 모델 데뷔

플레이보이 잡지 창간호 표지 모델을 함.

마릴린 먼로 미국 케네디 대통령과 2일간 같이 있었다.

케네디 아들 비행기 추락 바다에 사고 사망

케네디 대통령 동생 로버트 케네디 총 맞아 죽음

간음죄 저질렀음

유대인의 노벨상 비결은…
우월감, 불안감, 인내

두 저자는 미국 예일대 로스쿨 교수 부부로 각각 베스트셀러를 낸 스타 커플이다. 중국계 미국인 에이미 추아는 엄격한 규율과 통제로 아이를 키워야 한다는 타이거 마더로 전 세계에 양육 논쟁을 일으켰다.

남편 제드 러벤펠드가 쓴 소설 『살인의 해석』은 세계 32개 언어로 번역되며 베스트셀러가 됐다. 이들은 논쟁적인 문제를 제기한다. 왜 특정 민족이나 집단은 더 우수한가? 미국 인구의 2%인 유대인은 전체 미국의 노벨상 수상자의 36%를 차지한다. 아시아계 미국인의 평균보다 143점(2,400점 만점)이나 높다. 미국 사회에서 인종이나 종교문제를 거론하면 안 된다는 금기를 넘어 유대인이나 중국계를 비롯한 아시아계 미국인 모르몬교 같은 특정 집단이 전체 미국인 평균보다 엄청난 성공을 거두는 이유에 대해 규명을 시도한다. 성공하는 집단에는 세 가지 공통점이 있다는 게 저자들의 주장이다.

자신이 속한 집단이 우수하다는 믿음이나 선민의식(우월콤플렉스), 자신의 능력을 입증해야 한다는 불안과 초조(불안감), 미래를 위해 현재를 절제하는 노력(충동 조절)이다.

이 세 가지 '트리플 패키지'가 강한 승부욕, 난관을 뚫고 나갈 의지력을 주는 성공의 동력이라는 것이다. 하지만 트리플 패키지는 소박한 행복을 누리지 못하게 하고 우울증과 파멸에 이르는 부정의 에너지가 될 수 있다고 지적하며 균형을 잡는다.

두 저자는 논란과 비난이 예상됨에도 소수집단이 가진 성공의 비결을 공유하기 위해 책을 썼다고 한다.

프랑스의 휴가

8월이 되면 파리는 주인이 바뀐다. 바캉스를 떠난 파리 시민들의 자리를 각 지방에서 몰려온 여행객들이 채운다. 파리 거주 시민은 230만 명인데 2013년 파리를 방문한 관광객 기준은 약 3,700만 명이다. 그중 절반이 여름에 집중적으로 파리를 찾는다. 이 때문에 파리에서 여름을 지내다 보면 각양각

색 여행객의 모습을 보게 된다고 한다.

자연스레 한국과 비교 관찰할 때도 있다. 가장 큰 차이점은 저가 항공사가 뜨고 내리는 보배공항 오클리 공항이나 런던발 고속열차가 들어오는 북역에 가면 배낭여행객이 많다. 남녀 구분 없이 머리 위로 한 뼘은 더 쌓아 올린 커다란 배낭을 지고 있다. 저렴한 캠프장에서 자기 위한 텐트도 실려있다. 이들은 거의 100% 서양의 젊은이들이다. 이들과 함께 지하철이나 버스를 타면 여행안내서뿐 아니라 역사책을 읽고 메모지에 열심히 무언가를 기록하는 모습을 심심찮게 본다고 한다.

반면 한국의 배낭여행객은 상당수 캐리어 여행용 가방을 끌고 한 손에는 스마트폰을 들고 있다. 그것으로 사진을 찍고 맛집을 검색한다. 물론 여행하는 물리적 거리의 차이를 감안해야 한다. 또 딱히 어느 쪽이 바람직하다고 할 수도 없을 것이다. 그럼에도 여행에서 누가 더 많은 것을 얻어갈까? 하는 생각을 하게 된다.

프랑스와 한국은 휴가를 보내는 방식에서도 차이가 있다. 주머니 사정이 넉넉하지 못한 프랑스의 가족 단위 여행객들은 농가를 개조해서 만든 저렴한 숙박 시설에 묵으며 자전거하이킹을 즐기거나 바닷가에서 낚시하며 보낸다. 또 8월이 최성수기이지만 여름휴가 기간이 6~8월이기 때문에 고속도로가 막

히는 일도 별로 없다고 한다.

프랑스어 바캉스의 어원은 라틴어 바카티오라고 한다. '텅 비우다, 어떤 것으로부터 자유로워진다'라는 뜻이다.

프랑스인은 그 취지에 맞게 몸과 마음에 충분한 휴식을 주는 것이다. 그리고 그 빈 곳을 새로운 1년 계획으로 채우는 것도 랑트레 재개라고 불리는 이 시기이다. 바캉스가 끝나고 맞이하는 9월의 프랑스인에겐 실질적인 한 해의 시작인 셈이다.

반면 우리나라는 학교의 방학이 있는 7월 말이나 8월 초에 휴가객이 몰린다. 교통체증으로 집을 나서는 것부터 곤욕이다. 바가지요금과 숙박 전쟁에 지쳐서 휴가를 다녀오면 진이 빠지기 일쑤다. 그래서 돌아와 집의 현관문을 열며 집 떠나면 고생 역시 집이 최고라는 말부터 나온다. 제대로 된 휴가를 위해서는 정부의 노력도 필요하다.

프랑스 국민 중 휴가여행을 떠나는 비율은 52%에 불과하다. 설령 도시를 떠나지 못해도 프랑스인은 섭섭잖게 휴가를 보낼 수 있다.

파리 센강에 마련된 인공모래사장인 파리 플라주 같은 곳에 가거나 다양한 음악제, 연극제를 감상하며 도시 바캉스를 즐길 수 있기 때문이다. 프랑스가 바캉스의 나라라고 불리는 건 비단 긴 휴가 일수 때문만은 아닌 것이다.

우리나라의 휴가 문화는 어떠한가? 즉 남이 하니까 따라 하는 휴가 문화이다. 휴가가 휴식이 아니고 짜증 나는 휴가이다 보니 휴가가 끝나도 상쾌하지 않다.

링컨

링컨 대통령은 비천한 가정에서 세계 제일의 지도자가 되었다. 그는 믿음의 대장부이다(show yourself a man).

그는 취임사에서 "우리가 당하고 있는 여러 가지 난관을 극복해 나아가려면 지혜, 애국심, 기독교 정신 등이 절대 필요하거니와 무엇보다도 이 나라를 끝까지 버리지 않고 지켜주실 하나님을 굳게 믿는 믿음이 있어야 합니다."라고 했다.

링컨은 백악관 지하 기도실에서 하루 한 시간씩 기도했다고 한다.

솔제니친

솔제니친은 강제수용소에서 병들고 지쳐 한 걸음도 더 나아

갈 수 없는 죽음 직전에 있었다. 그때 누군가가 십자가를 그려주고 사라졌다. 그 순간부터 그의 모든 것이 변했다.

소련보다 더 큰 힘이 존재한다는 사실과 모든 인류의 소망은 십자가에 있다는 것을 깨닫게 되었다. 그 후 출옥하여 장편 『암 병동』을 저술하여 1970년 노벨문학상을 받게 되었다.

예수를 믿으십시오. 그러면 하나님께서 도와주십니다.

본인은 기독교 신자나 불교, 천주교와 상대방 종교도 매우 존중하고 하루 다섯 번 정해진 시간에 하나님께 기도하면서 이 나라 대통령님과 정치지도자들과 목회자님들과 해외선교 사님들과 이 나라 5천만 모든 국민이 법과 질서 잘 지켜 행복한 삶 살게 해달라고 매일 기도합니다.

박지성

2002년 한·일 월드컵 스타 박지성 선수는 그의 발이 짝 발이라고 한다. 축구선수로서 많은 핸디캡이 있어서 고등학교 때 축구를 그만두려고 했는데 감독이 계속 선수 생활하라고 하여 축구를 계속했고, 2002년 한·일 월드컵 때 국가대표로 선발되어 골을 넣고 스타가 되어 월드컵 후 맨체스터 유나이티드(맨유)

소속 선수로 명장 퍼거슨 감독 휘하에서 선수 생활하였고, 폐활량이 좋아서 운동장에서 오래 뛰어도 잘 지치지 않아 별명이 산소탱크라고 하며, 박지성은 맨유에서도 인정하는 축구 스타가 되었듯이 우리 인간들 모두에게는 숨겨진 보물이 있고 창조주께서는 모든 사람을 공명정대하게 대해 주시기 때문에 하나님 잘 믿고 그분의 말씀 순종하면 반드시 성공한다.

두 개의 상륙작전

세계 전쟁 사상 두 번의 상륙작전이 있었는데 맥아더 장군의 인천상륙작전과 아이젠하워의 노르망디상륙작전 모두 두 장군이 기도 중 하나님 음성을 듣고 작전 성공했고, 그 당시 국가 지도자들도 많이 기도했다고 한다.

에베레스트 등정 후일담

한국인으로서 에베레스트 8,848m를 최초로 등정에 성공한 故 고상돈 씨. 그 당시 등반대장은 김영도 대장, 교회 장로님이었고 사모님께서 등반대원들 배낭에 포켓용 성경 한 권씩 넣어주시고 등정 성공 때까지 교회에 가서 새벽 기도하셨다고 한다.

1977년 9월 15일 낮 12시 고상돈 대원이 에베레스트 정상에 태극기를 꽂는 장면이 생중계되었고, 2년 후 미국의 매킨리봉 등정하다 조난사고로 사망하여 애석하기 그지없다. 에베레스트의 산 이름은 그 산을 측량한 영국의 측량국장 이름이라고 한다.

＊ 정상에서 만납시다. 지그지글러

선진국 교육제도

거듭 반복되는 이야기지만 교육제도는 영국의 이튼칼리지나 선진국 교육제도 도입하여 한국 현실에 맞는 창의교육 해야 국가 발전 이룰 수 있고 국회를 계속 유지하려면 덴마크 국회 본받아 운영해야 하고 정치는 싱가포르 故 리콴유 전 총리와 독일 16년간 네 번 총리 역임한 메르켈 전 총리 스타일의 정치를 한국 현실에 접목해야 국가 발전 이룰 수 있을 것이다. 나라가 매우 걱정된다.

2021년이 본인에게는 특별한 한 해가 될 것 같다. 10여 년 전에 서대문 역사박물관 산책하면서 네 잎 클로버 6개 정도 채취한 적 있었는데 금년에는 산책하면서 90개 정도의 네 잎 클로버를 채취하여 산책로에서 만나는 분들과 대학생들에게도 나누어주었다. 모든 분이 기뻐하였다.

언론에 보도된 바에 의하면 네 잎 클로버는 집단서식하고 일반 클로버 10,000개 잎 서식하는 데서 하나씩 서식한다니 매우 발견하기 힘들다고 한다.

네 잎 클로버의 행운에 대한 유래는 19세기 초 전쟁에 나간 나폴레옹이 클로버가 잔뜩 핀 숲을 지나다 우연히 네 잎 클로버를 발견하였다. 네 잎 클로버가 신기해서 자세히 보려고 허리를 숙였는데, 바로 그때 그의 머리 위로 총알이 스쳐 지나갔다. 그때부터 네 잎 클로버가 행운을 상징했다고 한다.

우리 대한민국이 발전하기 위해서는 첫째, 선진국 교육제도를 도입하여 과감한 교육 개혁해야 한다. 19세기 교과서 가지고 20세기 교사가 21세기 학생들 교육하는 낙후된 교육방식으로는 선진화된 교육 인재 양성 못 한다. 국가원수인 대통령도 통치 철학이 없고 각 부처 장관들도 전혀 창의성이 없고 변명만 늘어놓고 있다. 각 부처를 책임 있게 이끌어가지 못하고 창의적인 아이디어 제공하여도 답변서에는 변명만 늘어놓고 있다.

이 나라는 개혁해야 할 부분이 너무 많다. 현재대로 국회가 운영될 바엔 국회 해산시키고 대통령이 국무회의 주재하면서 각 부처 보고받고 감사원 기능 강화해 각 부처 철저히 감사하면 부정부패 뿌리 뽑을 수 있고 국가 예산 절약할 수 있다. 이 나라 모든 국민이 정치권을 한심하다고 한다. 희망이 없다. 민주노총, 한국노총, 국가 경제 파탄시키는 조직은 과감히 해산시켜야 하고 사교육 100% 해산시키고 각종 연대 조직 해산시켜야 한다.

이 나라 국회는 물먹는 하마이다. 국회의원들이 국가와 국민을 위해 뭘 했다고 의원 1인당 9명의 보좌진 거느리고 국가 예산만 낭비하면서 세금 내는 국민에게 고통과 실망만 안겨주는가?

영국의 초선 하원의원은 사무실도 없어서 선배의원 사무실을 함께 사용한다는 언론 보도 기사도 있는데 이 나라 국회의원들 당선만 되면 선후배 구분 없이 50평 사무실에 9명의 보좌진 거느리고 있으니 한심하다. 20대 국회 4년간 법안 통과율 36.6%라니 한심하다.

우리 대한민국이 발전하기 위해서는 첫째, 선진화된 교육 개혁해야 한다.

둘째, 국회는 덴마크 국회 본받아야 하고,

셋째, 국가경영은 故 리콴유 싱가포르 총리가 싱가포르 통치한 것을 본받아야 이 나라가 선진화된 국가경영 할 수 있다.

미국의 1개 주보다도 적은 나라에서 지역갈등 일으키고, 내사람 네사람 따지는 이런 국가 형태와 지도자들의 조직 장악력으로는 선진화된 국가경영 할 수 없음을 국가 지도자들과 국민 모두가 다 함께 깨달아야 한다.

민주노총, 한국노총 빨간 띠 이마에 두르고 노사분규 하는 사람들 그들에게 기업 맡겨보면 다 실패할 것이다. 송충이는 솔잎을 먹어야 산다. 나라가 온통 오해 갈등과 이기주의에 빠져 있다. 상호 간 양보하고 신뢰하고 대화를 통하여 오해와 갈등을 풀어가야 이 나라가 살 수 있다. 이 나라 국민 수준으로는 100% 민주주의 안 되고 정직하고 지혜로운 지도자들이 국가 경영해야 하고 법 개정하여 70% 민주주의 하고 30% 독재해야 이 나라 질서 바로잡혀 국정이 안정될 것이다.

〈참고〉

미국 역대 대통령 지능지수 순위

1위 존Q 애덤스 IQ : 168.8

2위 토머스 제퍼슨 IQ : 153.8

3위 존 F. 케네디 IQ : 150.7

4위 빌 클린턴 IQ : 148.8

5위 우드로 윌슨 IQ : 145.1

6위 지미 카터 IQ : 145.1

7위 존 에덤스 IQ : 142.5

8위 시어도어 루즈벨트 IQ : 142.3(소아마비 환자, 대통령 네 번 연임)

9위 제임스 가필드 IQ : 141.5

10위 체스터 A 아서 IQ : 141.5

12위 에이브러햄 링컨 IQ : 140.0

27위 로널드 레이건 IQ : 130.0

39위 조지 W 부시 IQ : 124.9

※ IQ 평균 118 이상~130 이상 28명

　 율리시스 S 그렌트 120으로 최하위

일본의 도요타 자동차회사 연 매출 규모가 한국 재벌기업 10여 개 회사와 같다고 하고 도요타는 한 번도 노사분규 없었고 도요타 기술자들 연봉 7,500만 원 정도 주어도 일만 잘한다고 한다.

현대자동차 기술자들 연봉 9,000만 원 정도 주어도 적다고 봄, 가을 노사분규 한다니 기업이 어떻게 존재하겠는가? 일본의 공직자들 기업체 근무자들 포함 그들은 너무나 자신들의 업무에 충실하다 보니 가까운 친구도 없고 회사와 집만 왔다 갔다 하다 보니 일본의 퇴직자들을 일컬어 가을비에 젖은 낙엽이라 한다고 한다.

가을비에 땅에 떨어져 젖은 나뭇잎은 잘 떨어지지 않는다. 일본의 퇴직자들이 가까운 친구도 없고 퇴직 후에는 부인들 뒤만 따라다니니 그들을 가을비에 젖은 낙엽이라 하는 언론 보도가 있었다. 우리 한국의 공직자들이나 은퇴자들이 마음속 깊이 새겨야 하는 내용이다.

먼저 조직원들이 자신들의 책임과 의무를 다한 후에 권리주장해야 한다.

기독교 교파 초월하여 존경받는 故 한경직 목사님께서 은퇴하시고 하신 말씀은 아래와 같다.

종교계의 노벨상이라 하는 템플턴상 상금 100% 북한 동포 돕기에 보내셨고,

1. 목사가 은퇴하면 집이 없어야 하고
2. 목사가 은퇴하면 한 가지 질병이 있어야 하고
3. 목사가 은퇴하면 3수레 정도의 책이 남아 있어야 한다고 하셨다.

새문안교회 원로목사님으로 시무하신 故 강신명 목사님께

서 광나루장로회 신학대학교 졸업식 설교하실 때 하신 말씀은 아래와 같다.

첫째, 목사는 항상 설교 준비해야 하고

둘째, 목사는 교회에서 나가라고 하면 이사할 준비 해야하고

셋째, 목사는 시무 잘하다가 이 세상 떠날 때 천국 갈 준비 잘해야 한다고 하셨다.

오늘날 우리 한국 교회 현실은 어떠한가? 각 교파 신학대학이나 신학교 졸업식 설교 후에 축도전 부르는 찬송이 부름을 받아 나선 이 몸인데 오늘날 신학대학이나 신학교 졸업하고 목사고시 합격하고 안수받는 교역자들이 목사나 전도사 모두 대전 아래 중부권으로는 가지 않는다고 하니 한심하고 개탄스러운 일이다. 하나님은 지구촌 어디에서나 계시고 인종을 차별하지 않는 공명정대한 하나님이시다. 하나님의 뜻을 잘 행하면 지구촌 모든 백성 생사화복 주관하시는 분이다.

모두가 깨어 신앙 생활하자.

본서를 출판한 대양미디어는 故 이세호 육군참모총장님의 책을 출판한 곳이고, 이세호 육군참모총장님은 교회 장로님으로서도 하나님께 영광 돌리신 분이다.

본서 인세수입 50%는 아프리카 우물 파는데 보내고 사회 약자 돕는데 사용할 예정이다.